프랑스 뮤제로의 산책

오드 프랑스 편

Contents

01 | 014 _____ Musée du Terroir, Villeneuve - d'Ascq
과거의 투박함을 간직한 뮤제 _ **빌뇌브 다스크의 향토 박물관**

02 | 028 _____ Musée du Carillon, Tourcoing
오래된 도시의 목소리를 듣다 _ **뚜르꼬앙의 카리용 박물관**

03 | 048 _____ Mémorial Ascq 1944, Villeneuve - d'Ascq
4월 1일 밤, 비극의 증인이 된 뮤제 _ **빌뇌브 다스크의 아스크 학살 추모관**

04 | 064 _____ La Piscine - Musée d'art et d'industrie André Diligent, Roubaix
버려진 수영장에서 연대하는 뮤제로 _ **루베의 라 삐씬**

05 | 086 _____ Musée de l'Hospice Comtesse, Lille
한 도시의 삶을 노래하는 옛 구제원 _ **릴의 오스피스 꽁떼스 박물관**

06 | 104 _____ MUba - Eugène Leroy, Tourcoing
미술관, 관점의 틀을 깨다 _ **뚜르꼬앙의 뮤바 - 외젠 르루와**

07 | 122 _____ Musée Condé, Chantilly
고전의 찬란함, 그 뒤 왕가의 영광 _ **샹티이의 콩데 미술관**

08 | 142   MusVerre, Sars - Poterie
오래된 유리의 색에 물들다 _ **사르 포트리의 뮤즈베르**

09 | 160   Musée de Benoît - de - Puydt, Bailleul
조용히 과거를 치유하는 뮤제 _ **바이욀의 브누와 - 드 - 퓌트 박물관**

10 | 174   Musée de Plein air, Villeneuve - d'Ascq
공원인가, 박물관인가? _ **빌뇌브 다스크의 야외 박물관**

11 | 190   Musée de Picardie, Amiens
예술의 궁전 , 피카르디를 담다 _ **아미앵의 피카르디 박물관**

12 | 212   Le Louvre - Lens. Lens
루브르가 옛 갱도를 만날 때 _ **루브르 - 랑스**

13 | 228   Musée d'Histoire Naturelle, Lille
200년 된 뮤제에서 호기심의 문을 열다 _ **릴의 자연사 박물관**

14 | 246   Musée Henri Dupuis, Saint - Omer
닫힌 문 뒤로 펼쳐지는 미지의 세계 _ **생토메르의 앙리 뒤퓌 박물관**

Prologue
갈 수 있는 곳까지

뮤제(musée - 발음상 뮈제에 가깝다)는
프랑스어로 박물관이란 뜻이다.
역사 박물관 musée de l'histoire처럼 뮤제 뒤에 수식을 넣어
박물관의 성질을 표현한다. 미술관 musée des Beaux‑arts은
박물관의 하위개념이지만, 한국에서는 대중적으로
이 두 용어를 분리된 개념처럼 사용하고 있다.
이 책에서는 포괄적인 박물관을 언급할 때 '박물관과 미술관'이라
쓰는 것을 피하고자 뮤제라는 새 단어를 사용하고자 한다.

나는 어렸을 때 엄마, 아빠와 함께 뮤제에 가는 걸 좋아했다. 무서움도 많이 타고, 걱정도 많아 집 밖을 나가면 늘 긴장하는 내가 뮤제에 가면 지겨워 하지도 않고 하루종일 돌아다녔다고 한다. 그곳에서 자유롭게 느끼고, 좋아하고, 싫어하는 모습에 부모님도 기뻐하셨다. 고등학교를 졸업하자마자 유명한 박물관이 많은 나라에서 공부하고 싶어 국내 대학 대신 프랑스 대학으로 진학을 결정했다. 그것도 그 당시 한국엔 아무런 정보가 없던, 파리보다 브뤼셀과 더 가까운 노르 지역의 릴에서 미술사학을 공부했다.

프랑스 북부 산업 혁명의 중추였던 릴은 걱정과 달리 아주 친절하고 활기찬 대도시였고, 무엇보다 크고 작은 박물관이 반기는 곳이었다. 무사히 학업을 마치고 릴의 작은 뮤제에서 '문화해설사'로 아르바이트를 시작했다. 해가 거듭될수록 어릴 때 놀이터였던 뮤제는 일터가 되어갔지만, 이곳에 온 관람객이 전시를 편하게 즐길 수 있게 돕는 것에 뿌듯함을 느꼈다. 단순히 정보 전달을 하는 사람이 아니라, 뮤제와 관람객 사이에서 감정적 소통의 열쇠를 제공하는 사람이라고 믿었다. 그러다 2019년 말, 전세계에 '코로나 19' 시대가 왔다.

전염병 확산을 우려한 프랑스 당국이 봉쇄령을 발령했고, '비필수업종'으로 분류된 전국의 문화시설이 장기간 임시휴관에 들어가면서 나 또한 원치 않는 휴직기를 맞았다. 감염에 대한 공포와 직업의 전망에 대한 우려로 그 해는 유난히 힘들었다. 무엇보다 나를 짓눌렀던 것은 나에게 뮤제가 불안을 암시하는 공간으로 변해버렸다는 사실이었다.

'나에게 뮤제란 무엇이었을까?' 이 질문과 함께 날카로운 설렘이 찾아왔다. 일과 일상에 치여 잊고 살았던 '프랑스의 뮤제'에 대한 글을 쓰고 싶어했던 나를 발견하자, 코로나19로 주어진 이 쉼표 같은 시간이 선물처럼 다가왔다.

뮤제는 누구에게나 열려있지만 동시에 많은 사람이 찾길 꺼려하는 곳이다. 뮤제가 어려운 공간이기 때문이다. 피곤하게 종종걸음으로 전시관을 돌며 작품을 집중해서 봐야 하고, 해설 속의 낯선 말이나 개념 앞에서 주눅 들기도 한다. 우리의 과거와 현재를 이야기하는 뮤제에서 우리가 편할 수 없다니…. 누구라도 그곳을 부담없이 당당하게 갈 수 있도록 돕는, 이 특이한 공간과 사람 사이에서 감정적 소통의 열쇠를 제공하고 싶었다.

내가 어릴 적 뮤제에서 맘껏 놀 수 있었던 건 늘 작은 뮤제를 찾아다녔던 부모님 덕이었다. 작은 뮤제는 한바퀴 휙 돌아도 그리 많은 시간이 걸리지 않고, 집중해서 한 두 개의 이야기를 기억하기에 좋았다. 거대한 박물관보다 작은 박물관은 감정과 공간 사이의 거리를 좁혀준다. 거기서부터 출발해 보기로 했다.

지금 살고 있는 릴 광역시의 소규모 뮤제에서 출발하며 '프랑스 뮤제로의 짧은 산책'이란 제목으로 블로그에 칼럼을 쓰기 시작하였다. 1년 동안 취재를 하며 오 드 프랑스 지역의 다양하고 매력 넘치는 뮤제를 만났다. 아주 평범한 과거의 일상을 보존한 뮤제, 특정 오브제만 취급하는 특이한 뮤제, 한 도시를 다시 일으켜 세울 만큼 유명세를 얻은 뮤제, 도시의 고통과 상실을 담은 뮤제…. 그 하나하나의 색다른 매력이 매번 나를 설레게 했다. 때론 흥미로운 주제와 컬렉션을 가지고도 충분한 후원금을 받지 못해 볼품없는 겉옷을 입은 뮤제를 보며 안타까워 하기도 했다.

그리고 모든 곳에 그 도시와 주변에 살았던 주민의 이야기가 녹아 있었다. 글을 쓰기 위해 박물관과 미술관에 가는 것은 뮤제 뒤에서 지역의 역사를 지키고자 노력하는 주민, 뮤제 안에서 가깝게 혹은 먼 거리에서 전시물과

마주하는 이들, 전시물보다는 공간 자체에서 추억을 찾는 가족 등 다양한 사람과의 만남이었다. 공간 안에 녹아든 그들의 발자취를 보며 왜 우리 주변에 더 다양한 뮤제가 필요한지 다시 한번 생각했다.

이 책은 오 드 프랑스 지역에서 꼭 가야할 박물관 리스트도, '좋은 박물관이 무엇인가?'에 관한 학술적 에세이도 아니다. 나의 아주 주관적인 시선이 녹아있는 뮤제 스케치이다. 당장 갈 수 없는 곳을 갈망하는 이에게 선물하고픈 풍경을 여기에 담았다. 내가 동네 주변의 뮤제를 산책했듯, 더 많은 이가 멀지 않은 곳에서 발길을 머물게 할 뮤제를 찾았으면 한다. 그리고 이제 색다른 장소에서 색다른 공기를 들이마시고 싶은 누군가와 함께, 나에게도 낯선 프랑스 뮤제로 가볍게 마실 나가고 싶다.

전 한 별

Hauts de France

오스피스 꽁떼스 박물관

자연사 박물관

프랑스 본토
France Métropolitaine

앙리 뒤퓌 박물관

라 삐씬 - 앙드레 딜리장 예술산업 박물관

향토 박물관

아스크 학살 추모관

야외 박물관

피카르디 박물관

콩데 미술관

오드프랑스

'오 드 프랑스(Hauts - de - France)'라는 이름은 '프랑스의 위쪽'이라는 뜻이다. 북쪽으로는 영국해협, 벨기에와 국경을 접하고 있어서 다양한 역사와 문화, 독특한 건축양식을 갖는다.

프랑스
뮤제로의 짧은 산책

과거의 투박함을

간직한 뮤제

01

빌뇌브 다스크의 향토 박물관

Musée du Terroir *, Villeneuve - d'Ascq

* '떼롸르 terroir'는 고향 혹은 향토로 번역할 수 있다.

한국에 많이 알려지지 않은 프랑스 박물관을 소개하겠다는 마음으로 <프랑스 뮤제로의 짧은 산책> 프로젝트를 시작했지만 코로나19로 인한 봉쇄 조치로 문을 연 곳이 없다. 내가 거주하는 릴 메트로폴리스에 있고, 쉽게 입장 허가를 받을 수 있는 뮤제가 어딜까 고민하다가 현재 스태프 및 가이드로 일하는 박물관부터 시작하기로 했다. 모든 멋진 여정은 가장 익숙한 장소에서 시작하지 않던가? 곧바로 지하철을 타고 빌뇌브 다스크라는 도시의 작고 조용한 동네 아납 Annappes 에 도착했다.

멀리서 '향토 박물관'이라고 적힌 큰 나무 현판이 보인다. 육중한 문을 열고 들어가면 보이는 건물의 모양부터 독특하다. 우리가 뮤제에 기대하는 깔끔하고 잘 재단된 외관이 아니다. 붉은 벽돌로 지은 이 낮고 낡은 건물은 17세기 초반부터 20세기 초중반까지 쓰였던 농가다. 북쪽 사투리로 '상스 cense'라 부르는, 안뜰을 중심으로 정사각형으로 형성된 전형적인 북쪽 농장이다.

향토 박물관은 아주 멀지 않은 과거의 삶을 전시와 기타 문화활동을 통해 대중에게 보여주는 것을 목표로 한다. 과거의 정취까지 보존하기 위해 대부분의 향토 박물관은 옛 부유한 농가, 버려진 시골 성 등 오래된 건물을 활용한다. 역사적 의의가 있어 밀어버리기엔 아까운데 자리를 차지하는 건축물을 재활용한다는 이점도 있다. 이 뮤제는 농가의 거주 공간 및 창고, 마구간을 부엌, 침실, 빵집, 가게, 학교 교실, 대장간 등으로 개조해 19세기 후반부터 20세기 중반까지 프랑스 북부 농촌 지역의 생활상과 경제 활동 전반을 엿볼 수 있게 했다. 원래대로라면 견학 온 학생들로 바글바글해야 하는 안뜰엔 직원 한 명만 남았다. 내 앞에 관객은 없지만 마치 가이드를 할 때 처럼 뮤제를 한 바퀴 돌기로 했다.

첫번째 전시실은 바로 에스따미네 estaminet 이다. 오늘날 '북부 향토 레스토랑'을 일컫는 에스따미네는 본래 벨기에와 프랑스 북부에서 19세기에 성행한 선술집 겸 카페이다. 노동자 계층의 사람들이 주로 맥주나 더 센 술을 마시던 공간답게 천장에 맥주의 주원료인 말린 홉의 덩굴과 꽃을 매달아 장식했다. 놀거리가 부족했던 그 시기에 에스따미네는 주머니 가벼운 이들의 약속 장소였다. 요새의 동아리처럼 함께 게임을 하는 소모임이 이곳에 모여 홀란드 당구, 니콜라 당구, 다트 던지기, 카드 게임 등 갖가지 유흥을 즐겼고, 뒤뜰에선 닭싸움으로 노름을 하거나 활을 쏘기도 했다. 고급스러운 까페와는 달리 실내에서 담배를 피울 수 있었다는 것이 특징이다. 에스따미네의 주 고객층은 남성이었고, 여성이 홀로 출입하는 건 점잖지 못한 행동으로 여겼다.

에스따미네 오른편에 위치한 농장주의 거주 공간으로 들어가면 두 개의 전시관이 있다. 복도 끝에서 달그락달그락 요리하는 소리가 들린다. 유럽 시골 풍경을 담은 영화의 배경같은 옛날 부엌을 재현한 이 전시실엔 백년 전 대가족을 수용하던 긴 식탁이 있다. 이 식탁 중앙엔 큰 수프 그릇이 놓여있는데, 특별한 일이 있지 않고서야 그 시대의 저녁은 항상 텃밭에서 뽑아 온 채소로 만든 수프와 빵이었다고 말하면 어린 관람객은 이해할 수 없다는 표정을 짓곤 한다. 여기엔 요즘 부엌에서 보이지 않는 요상한 물건도 많다. 19세기 후반까지는 가루 설탕을 안전하게 유통하거나 각설탕을 만들 기술이 없었다. 그래서 설탕시럽을 원뿔형으로 그대로 굳혀 만든 설탕 덩이 pain de sucre 를 작은 망치와 집게를 사용해 조금씩 잘라 사용했다. 아주 비싸고 귀했던 설탕 덩이는 당시 중요한 경사가 있을 때 선물로 주기도 했다.

반대쪽에는 5m 깊이의 아주 오래된 우물이 있다. 위생상 우물은 언제나 집 밖에 있어야 하는데, 왜 이 우물은 뜬금없이 부엌에서 길을 잃었을까? 사실 이 우물은 원래 뒤뜰에 있었다. 19세기에 들어와서 농가를 확장하기 위해 우물을 막아버리고 그 위에 유제품 판매장을 만들었는데, 이후 농장이 뮤제로 바뀌면서 관람객들을 위해 부엌처럼 꾸민 것이다. 공간을 개조하던 중 바닥 밑에서 발견한 우물을 최대한 본 모양을 살려 복원했다. 이 과정에서 17세기 초반의 깨진 접시와 설거지용 솔 등을 발굴했다. 그 시절에도 나처럼 설거짓거리를 손에서 놓치고 깨먹는 사람은 있었다는 걸 알고 마음이 편해졌다.

커피 볶는 도구, 하트 모양의 와플 굽는 도구, 솥, 주전자가 올려진 까만 화덕은 부엌의 슈퍼스타이다. 안에 석탄을 넣어 불을 때면 오븐과 가스레인지

역할을 해 주고 심지어 집안을 데워 준다. 당시 난방시설이 따로 존재하지 않았기 때문에 시골집의 부엌은 집안에서 유일하게 난방이 되는 공간이었다. 덕분에 아이들은 부엌에서 숙제하고, 어른들은 신문을 읽거나 다림질을 했다.

그럼 추운 겨울날엔 벽난로와 난방이 없는 침실에서 어떻게 밤을 보냈을까? 바로 옆의 침실에 들어가면 몇 가지 힌트를 얻을 수 있다. 우선 남녀 공용인, 긴 원피스처럼 생긴 잠옷을 입고 머리엔 모자도 쓴다. 다리 쪽엔 오늘날 깃털 이불의 조상인, 오리털을 넣어 부풀린 큰 쿠션인 에드르동 *édredon* 을 놓는다. 그것만으로는 모자라서 자기 전 화덕에서 구운 벽돌을 이불 밑으로 넣어 침대를 데운다. 잠 한번 자는 것도 쉽지 않던 시대였다.

침대 옆으로는 당시에 존재하지 않던 욕실을 대신해 몸단장을 할 수 있는 세면대, 재봉틀과 그 당시의 옷들, 무섭게 생긴 곰인형이 든 요람 등이 놓였다. 침대맡에는 어린아이들이 설명을 들으면 자지러지는 아주 예쁜 꽃무늬 요강도 있다. 아이들과 안뜰로 나와서 옛날 푸세식 화장실을 보여주면 냄새도 나지 않는데 코를 막고 요란을 떤다. 외할머니 댁을 방문할 때 항상 바깥에 있는 화장실에서 볼일을 보던 추억이 떠올랐다. 프랑스와 한국이 이렇게 먼데도 같은 전통을 공유하는 것이 신기하다.

큰 곡물 창고엔 정육점, 철물점, 유제품 판매대 등 각종 상점을 재현해 놓았다. 지금이야 대형 마트에서 원하는 모든 것을 한 번에 구매할 수 있지만, 과거에는 정육점, 철물점 등 한 가게에서 한 종류의 물품만을 판매했기 때문에 장 한 번 보기 위해선 여기저기 발품을 팔아야 했다. 아이들에게 가장 인기가 많은 가게는 식료품점이다. 선반에 네슬레, 에비앙, LU, 바나니아, 꼬뜨 도르처럼 여전히 마트에서 볼 수 있는 오래 된 상표를 찾을 수 있기 때문이다. 저울을 사용해 물품을 원하는 용량만 사서 종이 봉투나 손님이 가져온 병에 담아 가는 것은 오늘날의 쓰레기 배출이 없는 '제로 웨이스트 상점'과 다를 게 없다. 요즘 세대에게 비닐 봉투보다 한 세기 전에 사용하던 갈색 종이 봉투가 더 익숙하다.

빵집으로 변모한 작은 마구간 문을 열면 버터 냄새와 단내가 훅 끼쳐온다. 보통 여기에서 릴 전통 와플을 만드는 체험을 하기 때문이다. 와플은 프랑스 북부와 벨기에, 네덜란드의 전통적인 간식이다. 한국에 많이 알려진 구멍이 크고 동그란 벨기에 리에쥬식 와플과는 달리 릴 와플의 구멍은 아주 작다. 효모를 넣어 부풀린 반죽을 타원형으로 구운 후, 아직 뜨거울 때 반으로 가른다. 얇은 두 장의 와플 사이에 흑설탕의 일종인 카소나드와 버터를 섞어 만든 필링을 채워넣어 차나 커피와 곁들여 먹는다. 버터와 카소나드가 많이 들어가 아주 달달하고 고열량이라, 옛날에는 새해 인사를 하러 온 사람에게 집주인이 세뱃돈처럼 주던 귀한 먹거리였다. 와플 만들기 담당 스태프가 되면 몇 시간을 꼼짝없이 서서 와플을 굽는 고생을 하게 되지만, 필링을 바르는 관람객들의 행복한 얼굴을 볼 때와 가끔 남은 와플을 집에 가져갈 때는 아주 뿌듯하다.

Focus

카소나드 cassonade 는 흑설탕이라고 번역되지만, 북쪽 사람들에게 둘은 혼동해선 안 될 것이다. 사탕수수에서 추출하는 보통의 설탕과 달리 카소나드는 사탕무로 만들며, 1806년 나폴레옹 1세 시기에 영국이 프랑스를 대상으로 경제 봉쇄령을 내리며 영국령 식민지에서 수입하는 설탕 공급이 어려워지자 프랑스 본토에서 얻을 수 있는 재료로 제조한 대체품이다. 일반 설탕보다 캐러멜 향이 강하며, 크렙 crêpe 에 발라 먹거나 무가당 요거트에 넣어 먹기도 한다.

이 외에도 다양한 전시실이 있지만 모든 장소에서 하나의 공통점을 발견했다. 다른 뮤제들에 비해 이곳 전시물들은 투박하다. 농기구, 취사 용품, 낡은 책상과 장난감…. 마음만 먹으면 벼룩시장에서 살 수 있을 물건이 즐비하다. 어쩌다 이런 일상적인 물건이 오래된 농장에 모이게 됐을까? 박물관의 역사는 박물관이 자리 잡은 신도시 '빌뇌브 다스크'의 역사와 맞물린다.

대도시 릴 동쪽에 위치한 이 경제신도시는 1970년 플레르스 Flers, 아납 Annappes, 아스크 Ascq 세 마을을 병합한 결과물이다. 이때 농촌의 토속 문화가 도시화로 인해 사라질 것을 염려한 주민들이 '빌뇌브 다스크와 멜랑또아 역사 협회(SHVAM)'란 비영리 단체를 구성해 농촌 생활에서 사용하던 물건을 모으고 보존하기 시작했다.

대장장이나 나막신 제조인처럼 현대에 설 자리를 잃은 직군에 종사하던 주민의 기부로 소장품이 늘어나자 전시 공간이 급히 필요해졌다. 1970년대 초반, 신생 도시인 빌뇌브 다스크가 오래 전부터 비어있던 델쁘르뜨 농장을 역사 협회에 대여하며 향토 박물관 설립의 기초를 마련해줬다. 협회원들과 자원봉사자들이 운영하던 이 뮤제는 활동의 중요성을 인정받아 2016년 부터 시립 박물관으로 승격해, 지금도 다양한 활동을 대중에게 제공하고 있다.
향토 박물관은 이 지역에서도 아주 유명한 뮤제가 아니라 학급 견학이 아니라면 매번 붐비지도 않지만, 유난히 가족 단위 손님들이 자주 이곳을 찾는다. 나이가 어린 관람객들은 지금 세대에겐 이색적으로 느껴지는 과거의 조각들을 찾으며 즐거워하고, 나이가 많거나 농촌 생활을 오래 하신 분들은 자신들에게 익숙한 것을 발견하며 향수에 젖는다. 50년을 넘게 빌뇌브 다스

크에서 사신 옛 직조 공장 노동자나, 벨기에 남부에서 자라 아버지의 가업을 물려받은 목수는 나의 설명을 기다리는 대신 한 시간 반 동안 당신 어릴 적 얘길 하신다. 묘하게도 한국에서 나고 자란 나도 이곳에 오면 형언할 수 없는 익숙함을 느낀다. 많은 사람이 그리워하는 심상이 담긴 향토가 가지는 힘일지도 모르겠다.

이리도 정겨운 뮤제도 길어지는 정적에 빛을 잃는다. 쓸쓸함을 잊기 위해 팬데믹이 오기 전에 본 장면을 회상해 봤다. 와플 하나를 손에 든 어린이가 할머니와 마당에서 수다를 떨고 있다. 아이는 몇번이나 농장의 동물이 다 어디로 사라졌냐 묻는다. 누군가에겐 한 세기 전 과거가 추상적인 개념이 되기도 해서, 할머니에게 너무나 익숙한 추억이 아이에겐 미지의 세계로 변한다.

전시 공간은 그곳에 서 있는 사람의 인생을 반영하고 그에게 끝없이 말을 건다. 손자 손녀들을 데려오는 할머니, 할아버지, 아니면 어른들의 어린 시절 추억을 듣는 아이들에게 이 오래된 농장은 존재만으로 대화다. 어느 바람 좋은 날, 향토 박물관에서 도란도란 들려오는 꾸밈 없는 수다에 귀 기울여보는 것은 어떨까?

Musée du Terroir
12 Carrière Delporte
59650 Villeneuve - d'Ascq

오래된 도시의
목소리를 듣다

02

뚜르꼬앙의 카리용 박물관

Musée du Carillon,
Tourcoing

2021년 4월 중순, 봉쇄령으로 조용한 동네에 성당의 종소리가 울린다. 경조사를 알리는 듯 몇 분째 한 음만을 치는 종소리를 듣다 보니 요즘 잊고 있던 음율을 읊조리게 된다. 릴에서 북동쪽으로 떨어져 있고 벨기에와 국경을 나누는 옛 산업 도시 뚜르꼬앙의 여러 문화 시설에서 삼 년간 일하며 자주 듣던 '뚜르꼬앙 만세 Vive Tourcoing'라는 노래의 일부다. 그리운 짧은 음율의 종소리 출처를 찾으려면 독특한 뮈제 한 군데를 들르면 된다.

지하철역에서 올라오자 마자 경쾌한 멜로디가 들린다. 뚜르꼬앙 중심가에 위치한 성 크리스토프 성당에서 들려오는 종소리다. 붉은 벽돌로 지은 웅장한 성 크리스토프 성당은 이 도시의 가장 오래된 문화재 중 하나다.

10세기에 건축한 작은 성당이 점점 늘어나는 도시민을 수용할 수 없게 되자 점차적으로 확장 사업을 실시했고, 19세기 후반에 옛 중세 시대의 고딕 성당 양식을 표방해서 증축 공사를 마쳐 지금과 같은 화려한 모습을 가지게 되었다. 화살처럼 솟은 종탑은 19세기의 공사로 거의 남지 않은 16세기 성당의 흔적이다. 그리고 평소에는 닫혀있는 종탑의 붉은 문이 '카리용 박물관'의 입구이다.

관람을 시작하기 전에 먼저 카리용이란 단어를 짚고 넘어가자. 카리용 carillon 은 여러 개의 종으로 이루어진 타악기로, 유럽 전역에서 찾을 수 있지만 특히, 네덜란드, 프랑스 북부, 벨기에, 스위스 등지에서 더 자주 발견된다. 모든 종이 카리용이 되는 것은 아니다. 두 옥타브 이상을 내기 위해 최소 23개의 종이 있어야 카리용으로 인정된다. 뚜르꼬앙의 카리용은 62개의 종으로 구성되어 있다.

이 도시는 프랑스에서 다섯 번째로 큰 카리용을 굉장히 자랑스럽게 여기고 심지어 세계 최초의 카리용 학교를 세워 프랑스뿐만 아니라 세계 각국에서 온 미래의 카리용 연주자, 카리요뇌르 ^{carillonneur} 를 배출하고 있다.

붉은 문을 열면 보이는 입구는 무척이나 작다. 입장료는 무료이며, 매시간 해설사가 관람객의 안전을 위해 관람 내내 동행한다. 무료로 설명까지 들을 수 있는 파격적인 기회이지만 카리용 박물관은 안타깝게도 모두에게 열려 있지 않다. 250개가 넘는 나선형 계단을 오를 수 있는 건강한 다리가 있어야 박물관 관람이 가능하다. 심지어 첫 번째 전시실로 안내하는 높은 돌계단이 상당히 미끄럽기 때문에 각별히 주의해야 한다. 오래된 건물 안에 자리잡은 뮤제의 상당수가 이렇게 낮은 접근성이라는 고질적인 문제를 가지고 있다.

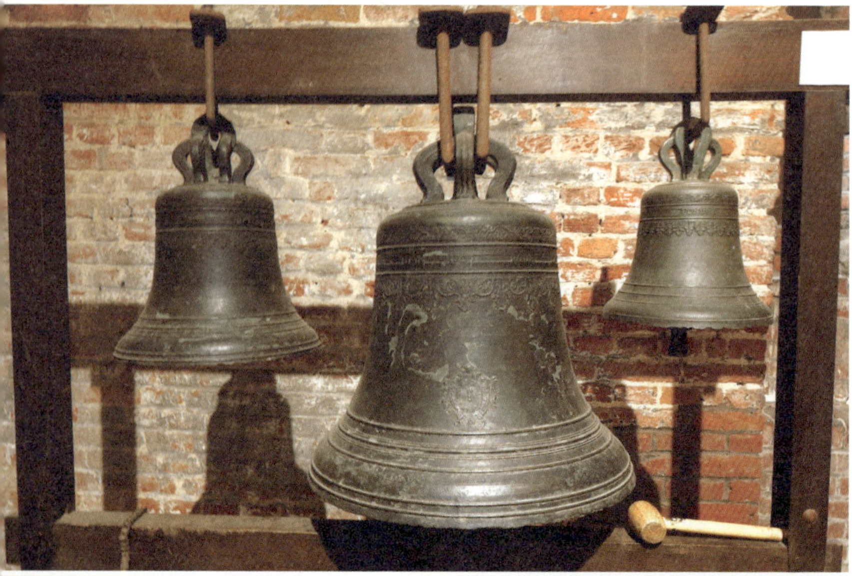

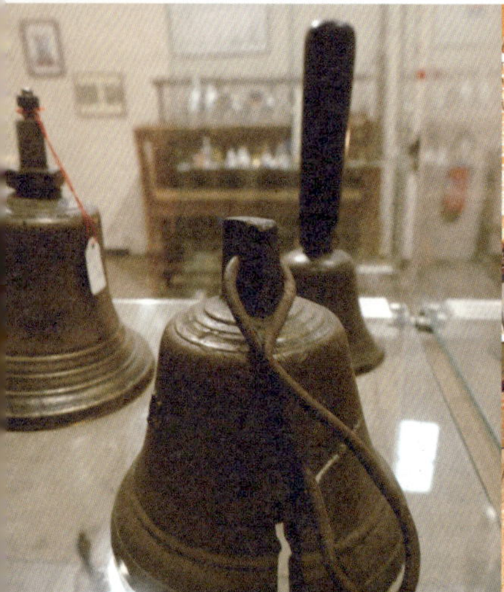

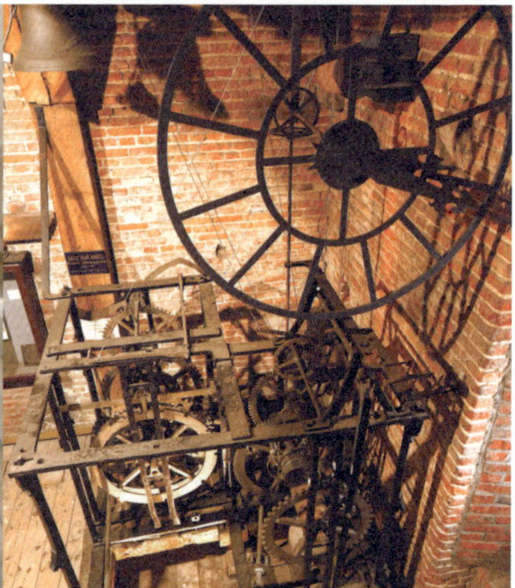

종아리가 터져라 77개의 돌계단을 열심히 올라가면 첫 번째 전시실이 나온다. 박물관의 창설자 중 한 명의 이름을 딴 '장 오두의 방 la salle Jean Odoux'에는 복잡해 보이는 두 개의 장치가 있다. 왼쪽의 리토르넬로 드럼 tambour de ritournelle *은 1701년경 제작된 일종의 거대한 오르골로, 수평으로 누운 큰 철제 원통 위에 금속 돌기가 달려있다. 원통이 돌아가면 금속 돌기들이 원통 옆으로 설치한 케이블을 밑으로 잡아당기고, 케이블이 당겨지면 끝에 달린 아주 작은 망치가 해당 음을 내는 종을 친다. 연주할 곡이 길면 음이 많아지기 때문에 원통 부분을 크게 제작한다.

오른쪽의 16세기 후반에서 17세기 초반에 제조된 시계태엽 장치가 이 오르골을 기계적으로 돌게 만든다. 손잡이로 태엽장치를 돌려 무게가 각기 다른 큰 무게추 세 개를 천장까지 올린 후, 시계추를 아주 조심히 밀어 관성의 힘으로 계속 움직이게 한다. 시계추가 왕복 운동을 시작하면 태엽으로 연결된 다른 추들이 천천히 떨어지며 시계의 톱니바퀴들을 돌게 만든다. 이 톱니바퀴들은 왼쪽의 드럼과 연결되어 있어서 15분 간격으로 원통을 자동으로 작동시킨다.

이 추의 무게가 상당해서 전체를 작동시키는게 만만치 않은 일이다. 내가 이곳의 가이드였을 때 관람객 앞에서 리토르넬로 드럼 시연을 보일 때마다 팔에 쥐가 나는데도 꾹 참으며 태엽을 감던 추억이 있다.

---

*리토르넬로 드럼 : 리토르넬로는 이미 존재하는 곡의 일부를 반복하는 것을 뜻하는데, 이 대형 오르골에 저장한 짧은 곡이 반복적으로 재생됐기 때문에 리토르넬로 드럼이라 부르게 됐다.

주기적으로 내려가는 추를 다시 올릴 사람이 필요했기 때문에 옛날 카리용 연주자는 이 방에서 살다시피 했다. 음악가이면서 관리인이기도 한 이 고된 일은 아버지에서 아들로 전해지는 가업이었다. 19세기에 자동화 자명종 장치가 두 태엽 장치를 대체하며 카리용 관리인의 직책 역시 자연스럽게 사라졌다. 지금은 자동으로 '뚜르꼬앙 만세'를 비롯한 세 가지 멜로디가 번갈아 가며 시간을 알리지만 여전히 명절이나 발렌타인데이 같은 특별한 날에는 카리용 연주자가 수동으로 다양한 곡을 연주한다.

나무로 된 나선형 계단을 올라가면 옛 카리용 연주자의 이름을 딴 '에밀 질리오엔 Emile Gilliöen 전시실'이 나온다. 여기에선 종을 주조하고 설치하는 방법이나 종과 키보드로 이뤄진 카리용 연주법에 대해 배울 수 있다. 가장 피아노를 닮은 옛날 카리용 키보드에는 높은음을 내는 건반과 낮은음을 내는 페달이 있는데, 피아노와는 달리 손가락이 아닌 주먹으로 원통형의 건반을 내리쳐 연주한다. 건반이나 페달에 충격이 가해지는 순간, 키보드와 이어진 와이어 끝에 달린 작은 망치가 해당 음의 종을 때려 소리를 낸다. 사진에서 연주자들이 손에 천을 두르고 있는 것을 보면 손이 아플 때까지 꽤 세게 쳐야 소리가 나는 듯하다.

카리용 키보드 옆에는 그 옛날 뚜르꼬앙 주민의 시간을 책임지던 성당 카리용의 역사를 설명해 놓았다. 높이 솟아 있어 누구나 올려 보던 종탑은 예로부터 유럽 도시의 심볼, 혹은 이정표였다. 스마트폰이나 손목시계도 없던 시절에 식사 시간, 기도시간, 일 끝낼 시간, 각종 경사와 위협을 알리던 것이 종탑의 카리용이다. 시민 삶의 메트로놈과 같은 이 악기는 역사에 큰 흐름

에 따라 파괴의 대상이 되기도 했다. 뚜르꼬앙의 첫 번째 카리용은 프랑스 혁명 시기에 조폐국에서 새 동전을 만들기 위해 성당의 종을 징발하며 해체됐다. 도시 한 개에 하나만의 종을 소유할 수 있다는 규정이 있었지만, 뚜르꼬앙 시장은 종 9개를 숨기기 위해 다른 동을 찾아 모아서 조폐국에 대신 넘겼다고 한다.

1824년에 재건한 두 번째 카리용은 1914년 발발한 제1차 세계대전 중에 사라졌다. 1917년에 뚜르꼬앙을 점령한 독일군이 총알 제조에 필요한 철제 조달을 위해 이 성당의 가장 큰 종을 포함해 종 여섯 개를 징발했다. 이때 모든 종이 사라질 걸 염려한 주민들이 남아있던 작은 크기의 종을 자기 집 앞마당이나 묘지에 묻었는데, 너무 잘 숨긴 나머지 현재도 종을 다 찾지 못하고 있다는 웃지 못할 이야기를 들었다.

제 2차 세계대전이 종전되고 16년 후인 1961년, 남아있던 다섯 개의 종과 꾸준한 뚜르꼬앙 주민들의 기부로 새로 제작한 43개의 종으로 구성된 세 번째 카리용이 엄청난 인파의 환호 속에서 종탑 안에 안착했다. 이 카리용은 수리와 증축을 거쳐 1991년 비로소 지금과 같은 모습이 됐다. 두 번이나 파괴됐던 도시의 카리용 지킴이를 자처한 주민들이 '뚜르꼬앙 카리용의 벗' 협회를 만들었고, 빌뇌브 다스크의 향토 박물관처럼 이 주민 단체의 노력으로 1962년 카리용 박물관이 종탑 내에 개관하게 됐다.

이 전시실 한쪽에선 각국에서 다양한 용도로 사용하는 일상의 종을 감상할 수도 있다. 찌그러진 워낭, 식사를 알리는 종, 정육점에서 손님이 올 때 치던 종, '종'이라고 부르는 케이크 보관용 둥근 뚜껑…. 마치 연세가 있으신 어르신 댁의 낡은 진열장에서 볼 법한 물건들이었다. 그럴만도 한 것이, 지나치게 평범해 보이는 이 전시물은 모두 이곳 시민이 기부한 것이기 때문이다. 습기에 일그러진 설명판, 먼지가 앉은 진열장 안의 죽은 파리, 너무 오래 된 사진이 가득한 박물관학적으로 보면 무척 구식인 공간이지만, 이곳을 뚜르꼬앙민들의 삶과 추억을 담은 거대한 타임캡슐이라 생각하면 너그럽게 바라볼 수 있다.

'수탉의 방'이라 불리는 다음 전시실에는 종이 아니라 성당 종탑을 장식하는 십자가나 수탉 모양 풍향계가 전시되어 있다. 그 중에서도 성 크리스토프 성당에서 제2차 세계 대전까지 쓰던 거대한 청동 수탉의 몸통 이곳저곳에 총구멍이 난 것이 인상적이다. 제2차 세계 대전 당시 뚜르꼬앙을 점령한 독일 군인들이 누가 최고의 사수인지 대결하기 위해 이 수탉을 과녁 삼아 총을 쐈다는 이야기가 있다. 다른 벽에 옛날 학교 종이 고정되어 있길래 허락을 받고 직접 울려 보았다. 1990년대 후반에 초등학교를 다니기 시작한 나에게 학교 종은 그리 먼 과거는 아니다. 쉬는 시간이 끝날 때쯤 종을 치러 느릿느릿 나오시던 나이 든 선생님을 떠오르게 하는 투박한 소리가 작은 방에 울려 퍼진다.

이 마지막 방에는 사실 관람객은 볼 수 없는 비밀의 문이 하나 더 있다. 종탑의 마지막 층, 일명 '종의 방'으로 안내하는 문으로 들어가면 거의 직각에 가까운 높은 철제 계단이 나타난다. 조심히 계단을 오르다 보면 머리 위로 62개의 크고 작은 종이 매달려 있는 진귀한 광경을 보게 된다. 고개를 들어 위를 보면 내게로 쏟아질 것 같은 종의 향연에 조금 아찔해진다. 1891년에 주조된 6톤짜리 종 '마리 마그리뜨'는 종탑에서 가장 큰 종인 왕벌 bourdon 이다. 마리 마그리뜨의 거대한 모습을 보고 나면 주변의 모든 것이 작아 보인다. 성당의 종은 사람처럼 세례를 받는데, 이 왕벌처럼 보통 종 주조에 가장 많은 재정적 도움을 준 사람이 종의 대모나 대부가 되어 이름을 물려준다. 이

카리용에서 가장 작은 종은 10kg짜리 토니 파니로, 뚜르꼬앙의 초등학생 중에서 제비뽑기로 추첨된 두 명의 이름을 따왔다.

고소공포증을 느끼게 할 만큼 가파른 계단을 다 오르면 공중에 고정된 카리요뇌르의 연주실에 다다른다. 연주실 캐비넷 안으로 카리용 건반과 케이블이 보인다. 종과 가장 가까이 있는 위치인 만큼 종 울림으로 인한 청력 손상을 막기 위해서 사방이 막힌 캐비넷을 따로 설치해 놓는다. 바로 밑에 위치한 수탉의 방에서도 이명이 들릴 정도로 종소리가 크기 때문에, 여기까지 올라왔다면 항상 귀를 막아야 한다. 고막을 내리치는 그 소리를 들을 때마다 빅토르 위고 소설 '노트르담의 곱추'의 종치기 콰지모도를 떠올렸다.

연주실을 등지고 서면 투명한 종탑 시계의 분침과 시침 사이로 뚜르꼬앙 중심가의 파노라마가 펼쳐진다. 산이나 높은 건물이 없는 도시에서 이런 풍경은 정말 보기 힘들다. 2016년 전까지만 해도 이곳까지 관람객이 올 수 있었으나, 계단을 오를 때의 위험도 위험이거니와 몇 년 전에 매 부부가 여기에 보금자리를 마련해 일반인의 진입을 금지하게 됐다. 개인의 안전과 보호종인 매를 위해서라도 일반인의 접근을 막는 것은 당연한 선택이었지만, 숨이 탁 트이는 경치를 볼 수 없는 것은 정말 아쉽다. 그래서 시에서는 박물관 내부에 가로로 긴 터치스크린을 놓아 외부를 볼 수 있게 하는 방안을 모색 중이라 했다.

보통 뮤제를 관람한 후에는 종종걸음을 한 탓에 다리가 붓고 피곤해진다. 하지만 그렇다고 산행을 한 것처럼 종아리 근육이 서는 일은 거의 없을 것이다. 카리용 박물관은 한 번 올라갔다 오는 것만 해도 운동이다. 이 독특한 종탑의 뮤제는 대중에게, 심지어 뚜르꼬앙 주민에게도 잘 알려지지 않은 숨겨진 보물이다. 여름 방학 기간의 일요일 오후에만 문을 열기 때문에 일 년에 개관을 하는 날이 얼마 되지 않는데, 좁은 전시실과 위험한 계단 탓에 한 타임 당 들어갈 수 있는 정원도 최대 열 명 뿐이다. 간혹 하루에 한두 명의 관람객만 맞은 적도 있다. 너무 어린 자녀가 있거나 몸이 불편하신 분들은 초반에 관람을 포기하시기도 했다.

건축적 특수함으로 인한 불편함 외에도 안타까운 점이 한두 가지가 아니다. 관리가 안 된 전시공간과 현대적인 미장센의 부재로 주민이 애정을 가지고 기부한 전시물은 제대로 조명받지 못하고 있다. 시립 박물관이 된 지 오래지만 여전히 협회의 활동가들이 관리하고 있기 때문에 전문적인 박물관학 도입이 어렵다. 지자체의 금전적 지원을 받지 못해 더뎌지는 복원과 홍보 사업 때문에 타지인과 뚜르꼬앙 주민 모두에게 카리용 박물관은 여전히 미지의 영역이다.

2021년에 뚜르꼬앙시는 봉쇄령을 틈타 본격적인 종탑 보수 작업을 시작했고, 조금 더 폭넓게 대중과 소통하기 위해 카리용 박물관에 현대적인 디지털 매개체를 추가하기로 약속했다. 그러나 2022년에 뮤제를 다시 찾았을 때에도 바깥 전경을 대신 보여줄 화면은 보이지 않았고, 박물관 내부는 여전히 돌가루와 먼지로 지저분한 상태였다. 지켜지지 않을 약속이 쌓여갈 때마다 이곳 주민들이 카리용 박물관을 언제까지 기억해주고 방문할 것인가 걱정이 된다.

하지만 몇 년이 지나도 리토르넬로의 멜로디는 종탑에서 매 시간 청아하게 울릴 것이고, 그 가사를 모르는 이들의 마음 속에도 음색은 영원히 남을 것이다. 그렇다면 그 음율의 기원에 호기심을 가지고 누군가는 계속 찾아오지 않을까? 스마트폰은 커녕 손목시계도 없었을 시절, 도시에 리듬을 불어넣어 줄 유일한 도구였던 카리용. 모두가 손쉽게 시간을 볼 수 있는 오늘날에도 그 옛날 뚜르꼬앙 시민이 사랑하던 노래를 부르는 카리용처럼, 현재를 사는 우리도 자신만의 음색을 무던하게 지킬 수 있었으면 한다.

Musée du carillon
Place de la République
59200 Tourcoing

4월 1일 밤,
비극의 증인이 된 뮤제

03

빌뇌브 다스크의 아스크 학살 추모관

Mémorial Ascq 1944,
Villeneuve - d'Ascq

이번에 만나 볼 뮤제는 빌뇌브 다스크의 향토 박물관에서 멀지 않다. 빌뇌브 다스크는 1970년에 향토 박물관이 있는 아납, 플레르스 그리고 지금 소개할 아스크 세 마을의 합병으로 생긴 신도시이다. 그런데 이 명칭을 잘 보면 '아스크의 d'Ascq 신도시 Villeneuve'라는 뜻인데, 왜 하필 세 마을 중 아스크의 이름만 남았을까? 프랑스와 벨기에의 지역철이 오가는 아스크 철로 옆에 덩그러니 자리 잡은, 흰색과 주황색 벽돌로 지어진 옛 보건 진료소가 그 대답을 주기 위해 우리를 조용히 기다린다.

지금의 아스크는 예쁜 집과 정원으로 가득 찬 산책하기 좋은 조용한 주거 지역이다. 시간을 돌려 1930년대의 아스크는 3,500명이 사는 활기찬 농촌 마을이었다. 끔찍했던 제1차 세계대전이 끝난 후 군인들이 가정으로 돌아왔고, 주민들은 다양한 동아리 활동과 문화 생활을 즐겼으며, 심지어 그 당시로는 흔하지 않던 축구팀도 창립했다.

프랑스의 릴과 벨기에의 뚜르네를 잇는 철도 노선이 마을을 지나가는 덕분에 기차역 주변으로 유입 인구가 많아졌다. 희망이 조금씩 전쟁의 상처를 치유하던 시기였다.

하지만 평화로운 일상은 1939년 나치 독일이 전쟁을 선포하며 무너졌다. 아스크를 비롯한 북부 지역은 1940년 5월 31일 릴에서 프랑스군이 패하며 독일군에게 점령당한다. 나치 정권의 과도한 물자 징발로 인해 생필품이 부족해졌고, 조금이라도 반기를 드는 자들은 고강도의 강제 노동을 하게 되거나 수용소로 보내졌다. 마을을 떠난 전쟁 포로와 노동자의 빈자리를 채우듯 독일 국방군들이 주민들 집에서 생활하기 시작하며 아스크민들은 집에서도 입조심을 해야만 했다.

이 모든 억압에도 릴 주변 지역에서는 레지스탕스 활동이 1940년 6월부터 전개된다. 아스크에도 폴 들레클뤼즈를 중심으로 아스크 그룹 Groupe d'Ascq 이란 레지스탕스 단체가 만들어졌다. 이들의 목표는 철도 선로를 폭파해 독일군 화물차의 도착을 늦춤으로써 1944년 6월에 예정된 연합군의 노르망디 상륙 작전을 돕는 것이었다. 국지적으로 전개되는 철로 폭파는 연합군의 항공 폭격으로 사망자와 피난민들이 생기는 것을 최대한 막을 수 있기에 필수적인 전략이었다.

Focus

레지스탕스 운동 : 넓은 의미로 점령군에 대한 시민들의 저항행위를 일컫는 말. 레지스탕스 운동이라 하면 보통 첩보활동이나 물리적 파손 및 암살 행위들을 떠올리지만, 제 2차 세계대전 당시 프랑스의 레지스탕스 운동은 비행 중 추락한 연합군을 집에 숨겨주거나, 그들에게 가짜 신분증을 제공해 연합군에게 돌아갈 수 있게 하는 것, 혹은 지하 신문을 만들고 배포하는 활동이 주였다.

아스크 그룹은 1944년 4월 1일, 부활주일 직전 토요일 밤에 아스크 기차역을 지나갈 독일군 화물 차를 지연시키기 위해 선로전환기를 폭파하기로 했다. 아이들은 잠자리에 들고, 시내의 영화관에서 마지막 상영작을 보고 나온 이들이 귀가 중이었다. 밤 11시 44분, 별안간 기찻길 쪽에서 폭음이 들렸다. 폭발의 여파로 기차 세 칸이 탈선하고 운송 중이던 경장갑차 몇 대가 손상됐지만, 기대보다 피해는 미미했다.

아스크 그룹이 몰랐던 것은 이 기차가 화물이 아닌, 어릴 적부터 나치즘 교육을 받은 히틀러 청소년단 Hitlerjugend 출신의 젊은 나치 친위대 300명을 싣고 있었단 사실이다. 제12기갑사단을 지휘하던 젊은 발터 하우크 Walter Hauck 중위가 불상사에 대비해 기차 시간대를 바꾸며 벌어진 일이다. 폭발이 있고 15분 후, 사상자가 없음에도 크게 분노한 하우크 중위와 부사관들이 민간인 집에 마구 들이닥쳐 성인으로 보이는 사람을 무작위로 데려갔다. '철도 테러가 일어나 훼손된 철로를 정비할 일손이 필요하다'라는 핑계에 주민들은 처음엔 의심 없이 잠옷에 맨발로 군인들을 따라갔다. 친위대는 여성들만 모아 한 칸짜리 선로 전환실에 가둔 후, 인적이 드문 밭에서 남자들을 총살하기 시작한다.

몇몇은 집에 있다가 사살당하기도 했다. 도망치다 숨어 있던 친위대에게 들켜 사살당한 사람, 이동 중 총성을 듣고 저항하다 사살당한 사람, 이웃을 구해보려다 폭행당해 숨진 사람.
새벽 1시에 총살을 저지하려 상부에서 보낸 독일 야전 헌병부대가 아스크 시장을 포함한 마지막 인질 그룹을 구출한다.
4월 2일 1시 15분, 86명의 사망자를 남기고 아스크 학살이 마침내 끝이 났다.

다음날 새벽, 몇 시간째 학교 안에서 가족과 숨죽이고 있던 마을 초등학교 교장이 거리로 나오다 참상을 마주한다. 그는 즉시 마을 사람들을 불러 유해를 학교 강당으로 옮겨 가족이 사망자 신원을 확인할 수 있도록 조치했다. 피해자 루시앙 사뱅 Lucien Sabin 의 따님은 인터뷰에서 아직도 그날 찾은 강당 바닥의 흑백 타일을 잊을 수 없다고 말한다. 새벽 내내 돌아오길 기다렸던 아빠의 동그랗던 얼굴은 홀쭉해져 알아볼 수 없었고, 그 옆에는 마을 사람 모두가 좋아하던 이웃사촌 장 록 Jean Roque 이 누워 있었다. 열다섯 살 고등학생이던 장은 체격이 좋고 성숙하단 이유로 우체국장인 아버지와 함께 끌려갔던 것이다. 사망자 중엔 장과 같은 나이의 소년이 두 명 더 있었다.

이 끔찍한 사건으로 74명의 여성이 남편을, 127명의 아이가 아버지를 잃었다. 어떤 가족은 아빠와 아들, 형제, 삼촌을 모두 잃기도 했다. 사회 보장제도도 없고, 여성의 사회 진출이 인정되지도 않던 1940년대에 가장을 잃는 것은 생계유지가 불가능하다는 것을 의미했다. 서로의 생활을 도와주기 위해 피해자의 아내들이 모여서 학살 피해 가족 협회를 만들었지만 대다수의 가족이 이 사건 후 빈곤과 고통 속에서 살아야 했다.

나치 점령군은 이 사건이 봉기의 도화선이 될까 두려워 최대한 정보를 숨겼다. 보복이 두려워 유가족들은 부고에서도 사망의 이유를 쓸 수 없었다. 그 당시 지역 신문에는 주민의 경조사를 다루는 란이 따로 있었는데, 지역신문인 "르 레베이 뒤 노르 le Réveil du Nord "가 사망란에 어떠한 설명 없이 86명의 이름으로 한 면을 가득 채워 발행해서 신문을 받은 사람이라면 누구나 아스크에서 비극이 일어났다는 걸 짐작하게 했다. 4월 5일 합동 장례식이 열렸

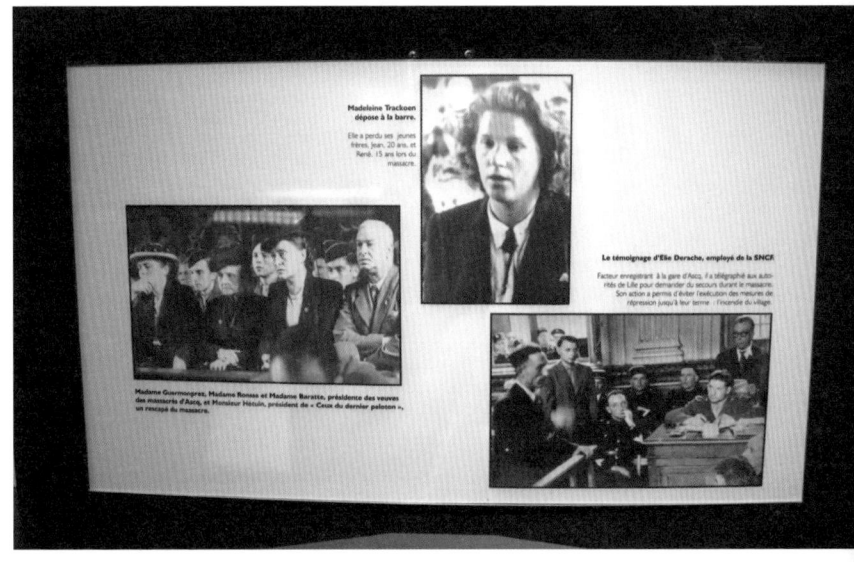

을 때 나치 정권의 보복에 대한 두려움에도 불구하고 2만 명이 추모 행렬에 참가했고, 지역의 노동자들은 프랑스 국유 철도 직원들처럼 파업으로 유가족과 연대하기도 했다.

몇 달 후, 연합군은 레지스탕스의 도움에 힘입어 프랑스를 해방한다. 아스크 역시 1944년 9월 3일에 해방되고, 다음 해 5월 8일 나치 독일은 패배를 선포한다. 전후에 아스크 주민들은 일요일 밤에 사라진 이들을 기억하기 위해 추모 단지를 조성하기로 했다. 피해자 가족 협회에서는 많은 이의 피에 젖은 들르못 밭에 갓난아이들을 위한 보건 진료소를 세워 희망의 울음을 듣길 원했다. 진료소 주위로 묘석과 작은 공원을 더해 1955년 현재의 '기억의 집합소'를 완성한다. 기억의 집합소를 완공하고 15년 후, '플랑드르 신도시

Villeneuve de Flandres'라는 이름으로 아스크, 아납, 플레르스를 통합한다는 결정에 아스크는 거세게 반발했다. 아스크의 이름이 지도에서 지워지고 잊히는 것을 용납할 수 없다는 이들의 주장에 현재 이 도시의 이름이 아스크 신도시가 된 것이다.

학살의 주된 무대였던 밭에 마치 묘석처럼 놓인 이 92개의 돌은 86명의 학살 피해자와 같은 해 6월 7일 게슈타포에 발각되어 총살된 여섯 명의 레지스탕트를 기리기 위한 것이다. 그 왼편으로 '쓰러진 이들을 위한 묘석'이 있다. 매년 부활절 주말에 열리는 추모 행렬 때 아스크 시장이 묘석 앞에 놓인 추모 횃불을 점등한다. 묘석단 밑에는 그날 밤 잠시 아스크에 머물다 학살에 휩쓸린 벨기에 노동자 몇 명과 역 가까이 살고 있단 이유만으로 첫 희생양이 된 스물 두 명의 아스크 철도청 직원들을 기리기 위해 벨기에 철도 노동자들이 보낸 청동 추모비가 있다.

시간이 지나며 여러 정치적, 사회적 이유로 이 학살은 프랑스 내에서도 쉬쉬하는 사안이 되어 버렸다. 진료소에서 근무하던 장 - 마리 목 Jean - Marie Mocq 의사는 자기 환자들이 비슷한 트라우마를 공유하고 있단 사실을 깨닫고, 이 마을에서 일어난 참상의 진실을 외부에 알리고자 1970년대부터 진료소 내부에 이와 관련된 전시를 하기 시작했다. 진료소가 낙후되어 더 이상 제 기능을 못 하게 되었을 때 건물 내부를 개조해 1984년 '아스크 학살 피해자 추모 박물관'이란 이름으로 개관했고, 2005년 새로운 박물관학을 도입하며 이름을 간단하게 '1944년 아스크 추모관'으로 바꾼 것이 지금의 추모관이다.

이 뮤제의 규모는 크지 않지만 시청각 자료가 꼼꼼히 배

치됐다. 철로 폭파에서 학살까지를 한 눈에 보여 주는 모형과 1969년도에 제작한 다큐멘터리 영화를 로비에서 볼 수 있다. 첫 관에는 제1차 세계 대전이 끝난 1918년부터의 아스크의 평화로운 모습이나 1930년대 공황과 유럽 사회 정치적 변화를 설명하고 두 번째 관부터는 전쟁의 서막과 점령당한 아스크의 상황을 다룬다. 전시실 벽의 색과 조명이 계속 어두워지는 탓에 관람을 이어갈수록 목이 갑갑해지는 기분이 든다. 어두컴컴하고 좁은 복도의 천장에 드리운 나치의 붉은 하켄 크로이츠 깃발 밑을 지나갈 때면 저절로 참담하고 무력한 기분에 젖게 된다. 나치 독일이 패전한 후에 수거한 이 억압을 상징하는 깃발 위로 분노한 주민이 총검으로 여러 차례 찌른 흔적이 남아 있다.

가장 어두운 아스크 학살 전시실에는 1944년 아스크 기차역에서 사용하던 전화기가 놓여 있다. 수화기를 귀에 가져가면 아스크 역 수송 담당 역무원

엘리 드라쉬와 릴 중앙역 담당자의 실제 통화 내용을 재구성한 녹음을 들을 수 있다. 당시 야간 근무 중이던 드라쉬는 열차 탈선 직후 분노한 하우크 중령에게 폭행을 당하고 기절하지만, 의식을 되찾자마자 여러 번 릴 역으로 전화해 당국에 구조를 부탁한 인물 중 한 명이다. 당시 실제로 있었던 대화를 배우들이 실감나게 연기해준 덕에 상황의 긴박함과 부조리함을 단번에 이해할 수 있다. 다음 관에서는 합동 장례식, 사형당한 레지스탕스, 친위대 재판 과정과 추모제 등 학살 이후의 상황을 보여준다. 그리고 이어지는 마지막 관의 주인공은 놀랍게도 아스크 학살 피해자들이 아니다. 복도 끝까지 걸린 아프간, 르완다, 구 유고슬라비아 전쟁 피해자 사진들은 지금도 끝나지 않은 전쟁에서 희생당하는 민간인을 기억해 줄 것을 당부한다.

뮤제를 소개하는 글에서 유달리 박물관 설명이 아닌 근현대사 설명을 해서 당황하셨을 수도 있다. 하지만 이 추모관의 존재 이유가 추모관 그 자체보

다 더 중요하다고 생각했다. 추모관은 단순히 '잊지 말자'라고 말하는 공간이 아닌, 사건을 구성하는 뉘앙스에 대한 세심한 이해를 돕는 공간이다. 단 하루만에 일어난 일이면서도 세계대전 틀 안에서 벌어진 참극이기에, '적군과 아군'같은 단순한 프레임으로 아스크 학살을 재단하려 하다간 사건의 본질과 멀어지고 만다. 젊은 나치 친위대는 마을을 처참하게 짓밟았지만, 4년을 아스크에 주둔한 독일 국방군 몇몇은 주민을 도우려다 친위대에게 얻어맞기까지 했다. 무엇이 이 차이를 만들었는지 한 번쯤 고민해야 한다.

이 비극은 프랑스에서도, 심지어 북부 지역에서도 잘 알려지지 않은 이야기이다. 온 마을이 불타고 600명이 그 안에서 사망한 오라두르 쉬르 글란 학살*에 비해 큰 규모가 아니어서일까? 정규 교육 과정에서도 아스크 학살 사건은 언급이 되지 않는다. 고통스러웠던 기억을 지우려는 듯, 혹은 세상의 무관심으로 얻은 상처를 덮으려는 듯, 아스크를 아무리 걸어도 그 당시의 흔적을 찾기는 쉽지 않다. 간혹 구석에 보이는 작은 위령비나 사망자들의 이름을 따 개명된 길이 그 일요일 밤을 간접적으로 상기시킬 뿐이다. 추모관 안에도 사건과 관련한 전시물이 많지는 않다. 폭파의 충격으로 튕겨 나간 선로 파편과 총탄에 깨진 성당 사제관 유리창, 피해자들이 사망 당시 지니고 있던 소지품 정도가 그날의 증인이다.

진실은 마을과 추모관을 찾는 사람 사이의 비밀처럼 무겁게 남아있다. 당시에 위로받지 못한 당사자를 고립시키지 않기 위해 이 박물관은 해마다 피해

---

* **오라두르 쉬르 글란 학살** : 1944년 6월 10일 오뜨 비엔 주의 오라두르 쉬르 글란 마을에서 나치 무장 친위대가 행한 학살. 방화와 총살 등으로 거의 전 주민이 몰상당하고 마을은 폐허가 됐다. 마을은 나치 독일의 만행을 폭로하기 위해 그 당시 상태로 남아있으며 견학이 가능하다.

자 자녀분들을 초청해 학생들과 대담하는 자리를 마련하기도 하고, 오 년마다 한 번씩 특별전을 열기도 한다. 박물관 관람이 무료인 것도 이 사건을 널리 알리기 위해서이다.

역사를 들여다보는 행위는 개인의 책임감을 요구한다. 아스크 학살 같은 복잡한 사건을 이해하기 위해서는 무거운 고뇌와 불편한 감정을 맞이해야 한다. 하지만 먼 길을 온 여러분이 무거운 마음만 가지고 추모관을 떠나지 않았으면 한다. 아스크에는 여전히 큰 정원과 산책로가 많은 예쁜 마을이다. 해 좋은 날, 사람이 거의 오지 않는 이 박물관 앞뜰에 앉아 기차 소리를 들어보는 것도 좋으리라.

추모비 위에서 노래하는 새들, 마을을 걸을 때 등으로 느껴지는 따스운 햇살, 잘 정돈된 묘지의 꽃밭 같은 밝은 심상들이 여러분이 먼 곳에서 일어난 슬픔을 마주하는데 도움을 주길 바라며 산책을 마친다.

Mémorial Ascq 1944
79 Rue mangin
59650 Villeneuve - d'Ascq

버려진 수영장에서

연대하는 뮤제로

04

루베의 라 삐씬 -
앙드레 딜리장 예술·산업 박물관

La Piscine - Musée d'art et d'industrie
André Diligent, Roubaix

한국에서 누가 놀러오면 꼭 데려가는 뮤제가 있다. 프랑스에서 가장 아름다운 뮤제 리스트에 상위권을 차지하고 한국에도 제법 알려진 유명한 곳이다. 릴에서 지하철로 20여 분 가면 높은 유리창이 근사한 루베 - 장 르바 기차역에 도착한다. 역 앞으로 길게 뚫린 장 르바 대로를 쭉 걷다 보면 유독 비싼 직물 직판장이나 고급 의상점들이 눈에 띈다. 노르 도의 대부분 대도시처럼 루베도 19세기에서 20세기 중반까지 섬유공업으로 활발했던 주요도시였다. 중세 시대부터 면 직조와 태피스트리(색실을 짜넣어 그림을 표현하는 직물 공예)로 유명하던 루베 시내에도 산업혁명 이후 큰 직조공장이 들어섰고, 일자리를 찾아 모여든 노동자들로 도시는 급격히 팽창했다.

직조산업이 활발하던 1835년, 루베의 섬유공장주가 모여 "루베 공업 박물관"의 기초가 될 컬렉션을 만들기 시작했다. 주요 전시품은 동시대에 지역 내에서 생산된 모든 섬유제품 샘플을 커다란 앨범에 붙여 소개하는 카탈로그였다. 이 박물관의 설립 목적은 세련된 디자인의 섬유 공산품을 예술 작품과 같은 위치까지 올려놓는 것이었다. 공업 박물관은 1860년대에 중요성을 인정받아 공립 기관이 되지만, 1980년대까지 적당한 건물이 없어 이곳저곳 떠돌며 컬렉션을 전시해야 했다. 루베시市는 많은 기증 덕에 갈수록 규모가 커져가는 이 뮤제의 소장품을 안정적으로 수용할 공간을 물색했다. 그리고 1990년, 시는 수많은 박물관 후보 중 철거 예정이었던 옛 시립 수영장을 골랐다. 이 옛 수영장이 장 르바 대로를 쭉 걸어 내려오다 오른쪽으로 꺾으면 등장하는 "라 삐씬(la piscine 수영장) - 앙드레 딜리장 예술·산업 박물관", 줄여서 '라 삐씬 박물관'이다. 얼핏 보면 박물관 벽인 줄 모르고 지나칠 것 같은 오래 전 폐쇄된 직조공장의 붉은 벽돌벽을 따라 쭉 걷다보면 큰 정문이 등장한다. 철제 문 위로 문의 원래 색이 보이지 않을 정도로 오색의 스티커가 다닥다닥 붙어있다. 매표를 하면 주는 동그란 스티커다. 입장을 원하는 관람객은 박물관 내에서 이 스티커를 몸에 붙이고 있어야 하는데, 누군가 박물관에서 나오다 철문에 그 스티커를 붙인 것이 시발점이 되어, 이제는 스티커를 문에 붙이는 게 하나의 관례가 됐다고 한다.

대체 이 옛날 수영장이 어떤 역사적 의의를 가졌기에 릴 메트로폴리스를 대표하는 박물관으로 탈바꿈할 기회를 얻은 것일까? 이야기는 20세기 초반으로 거슬러 올라간다. 루베는 앞서 말했듯 큰 산업도시였고, 노동자와 기업가 간의 심각한 빈부격차와 노동자 계층의 빈곤화라는 문제를 안고 있었다. 1912년에 루베의 시장으로 당선된 장 바티스트 르바* 는 이를 해결하기 위해 공립 학교, 진료소, 저렴한 아파트 그리고 스포츠 및 여가시설을 건설했다. 그 중에서도 가장 야심찬 프로젝트가 공중 목욕탕 겸 수영장 건립이었다.

목욕탕 겸 수영장의 설계를 맡은 릴 출신 건축가 알베르 바르 Albert Baert 는 프랑스에서 가장 아름다운 수영장을 짓겠다는 다짐으로 아르데코 스타일**의 화려한 수영장을 설계한다. 1932년에 드디어 안팎이 세련되게 꾸며진 수영

---

* Jean - Baptiste Lebas(1878~1944). 프랑스의 사회주의자 정치인. 루베 중앙역과 그 앞 대로의 이름도 이 시장에게서 따온 것이다.
** 아르데코 art déco (예술 art 과 장식 décoration 의 합성어)는 프랑스에서 출현해 1910년대 후반부터 1940년대 초반까지 유행한 예술사조이다. 공산품이나 건물 디자인에 적합한 기하학적 모티프, 규칙성, 풍부한 색감, 화려한 장식성 등을 강조한다.

장에 입성한 루베 시민들이 본 것은 평범한 목욕탕이나 수영장을 뛰어넘어 일광욕실, 간이식당, 헤어 및 네일과 페디큐어 살롱, 증기 목욕탕, 심지어 신식 세탁소까지 갖춘 종합 레저 센터였다.

이러한 종합 수영장은 당시 시민에게 큰 의미가 있었다. 루베같은 옛 공업 단지에는 아주 길고 좁은 마당을 가운데에 두고 여러 집이 붙어있는 라 꾸레 la courée 라는 특이한 거주형식이 존재했다. 이런 형식의 노동자 거주지엔 집마다 화장실이 없어서 모두가 마당의 공용 화장실을 사용해야 했고, 욕실과 같은 현대 시설은 바랄 수도 없었다. 북부 지방의 습기로 가득한 좁고 비위생적인 집 안에 온 식구가 붙어있기 때문에 노동자들은 결핵 같은 전염병에 더욱 취약해졌다.

깨끗한 물을 소비하는 목욕은 가난한 시민들에겐 사치였다. 그런데 수영장에선 아주 적은 돈만 지불하면 깨끗한 물을 맘껏 쓰며 몸도 씻을 수 있고 수영으로 체력을 다질 수 있으니 일석이조의 획기적인 변화였던 것이다. 목욕탕에는 총 90개의 샤워 칸과 50개의 개인 욕조가 구비되어 있었다고 한다. 자잘한 모자이크 타일이 매력적인 남성 전용 욕조는 일

인용 수영장처럼 생겼고, 여성은 동그란 다리가 달린 고전적인 흰 욕조를 사용했다.

욕조부터 비누걸이까지 모든 디테일이 고급스러운 이 목욕탕·수영장은 사회적 격차가 심각했던 루베에서 노동자의 아이와 기업가의 아이가 함께 놀 수 있는 몇 안 되는 곳이었다. 모든 루베의 아이들이 거쳐간 이 시립 수영장은 곧 시에 없어서는 안 될 중요한 상징이 되었다. 하지만 시간은 영원할 것 같던 일상을 천천히 부식시킨다. 1985년, 수영장은 약화된 천장으로 인한 안전 문제로 폐쇄된다. 이 당시만 해도 기능을 다한 건물은 철거하고 그 부지에 새 건물을 짓는 것이 보편적이었기 때문에 폐장은 곧 소실을 뜻했다. 당연하게도 루베 시민들은 굉장히 상심했다.

폐쇄 이후 방치된 수영장은 해가 지날수록 을씨년스럽게 변했지만 루베 사

람들은 이 건물을 포기할 수 없었다. 시청에는 수영장 철거 반대 민원이 끊임없이 들어왔고, 가끔 예술가들이 폐허를 불법 점령해서 아트 페어를 열기도 했다. 1990년에 수영장을 박물관으로 개조한다는 시의 파격적 발표에 시민들은 안도했다. 십 년간 많은 수리를 거쳐 2001년에 개관한 이 시립박물관은 2016년에서 2018년까지 2000㎡의 면적을 더하는 증축공사를 통해 지금과 같은 모습이 되었다.

안마당을 건너 박물관 내부로 들어가서 본격적으로 관람을 시작한다. 매표소를 지나 오른쪽으로 돌면 관람객도 없는데 멀리서부터 시끌벅적한 소리가 들린다. 물장구 소리, 아이들의 웃음, 수영 선생님의 목소리…. 규칙적으로 들려오는 이 음향효과에 정말 수영장 입구에 서 있다고 믿게 된다. 그 앞으로 이어지는 어두운 복도를 지나 옛날 수영 트랙이 있는 중앙 홀에 다다랐고, 나도 모르게 숨을 들이킨다.

스테인드글라스

이미 몇 번 본 광경에 익숙해질 법도 한데, 이곳에 오면 항상 2010년 늦봄 오후에 처음 이 뮤제를 방문했을 때를 떠올린다. 오래 전 아이들이 수영을 배우던 중앙 트랙에는 여전히 물이 흐른다. 해돋이를 표현한 반원형 스테인드글라스는 건물이 동쪽으로 나 있지 않음에도 마치 계속 햇살이 비춘다고 착각하게 만든다. 태양을 닮은 스테인드글라스로 노랗고 빨간 햇살이 들어와 수면의 물소리에 흩어진다. 거울 같은 물길에 자잘히 깨진 현란한 색의 햇빛을 보며 황홀감에 젖었던 그 순간은 여전히 내 기억 속에 조용히 넘실거리고 있다.

낮은 계단을 내려가서 물길을 걷고 있으면 항상 묘한 긴장감이 몸을 훑는다. 마치 신전에 들어온 듯 양옆으로 물과 관련된 조각상들이 줄을 서 있다. 조각상들과 같은 눈높이로 일렁이는 물길을 바라보며 걷다보면 어느새 물길 끝에 도착한다. 백 년 전에도 입에서 물을 뿜고 있었을 넵튠 조각상과 반대편 이국적 스타일의 세라믹 문이 조도가 낮은 실내에 색과 소리를 채운다. 건축가 알베르 바르가 마치 성당처럼 신비로운, 루베의 모든 이를 포용할 건강과 위생의 신전을 짓길 원했다는 것을 온몸으로 이해했다.

물길에서 한 단 올라서면 옛날 샤워실과 탈의실이었던 칸들이 보인다. 자세히 들여다보면 비누 거치대와 하수구 같은 디테일이 잘 보존되어 있다. 이런 사소한 흔적이 이 공간을 독특하고 유일하게 만든다. 보통 샤워실 한 칸이 통로처럼 뚫려있지만 진열창처럼 유리로 막혀있는 칸은 장식 예술품 혹은 응용 미술품을 전시하는 공간이다. 이 뮤제에 올 때면 자주 뚫려있는 샤워실에서 숨바꼭질을 하던 아이들을 보는 즐거움이 있었는데, 텅 빈 복도가 유난히 고요하다.

황홀감에 젖어 사진을 찍는 중에 옆에서 동행하시던 박물관 안전요원 사이드 그라젬 씨가 당신이 여기서 청소년 수영 자격증을 땄다고 말한다. 원래 이번 유월에 퇴직하셔야 했으나 코로나 봉쇄령이 끝난 후 마지막으로 관람객들과 함께하는 특별전을 보고 떠나기 위해 퇴직

을 시월로 늦추셨다는 사이드 씨에 눈엔 이 공간을 향한 애정이 어려있다. 이 분에게 라 삐씬은 프랑스 북부에서 가장 유명한 박물관보다도 여전히 어릴 적 친구들과 운동하러 오던 추억의 장소일 것이다.

라 삐씬은 사실 처음에는 '수영장'보다는 '공중 목욕탕'으로써 주목받았다. 옛날 입구 위에는 '시립 목욕탕'이라고 쓰여있기까지 하다. 목욕탕 복도로 사용하던 공간은 이제 주요 전시관이 됐다. 산업 박물관이라는 이름표에 걸맞게 이 뮤제는 루베가 산업도시로 크게 성장한 19세기 초중반부터 20세기 중반까지의 예술품을 다룬다. 전시실은 주제별, 연대별로 상당히 고전적으로 분리됐고, 회화와 조각이 전시물의 대다수를 차지한다.

어느 뮤제에나 그 기관을 대표하는 마스코트 작품이나 작가가 있는데, 라 삐씬에겐 유명한 프랑스의 조각가 까미유 끌로델 Camille Claudel 이 그중 하나다. 끌로델의 여러 작품 중에서도 가장 잘 알려진 <성에 사는 소녀>의 대리석 버전은 까미유 끌로델이 그다지 유명하지 않을 시절에 값싸게 들여왔다고 한다. 개인적으로 어려서부터 루베에 정착한 벨기에 출신 화가 레미 꼬그 Rémy Cogghe 가 그려낸 프랑스 북부 사람들의 삶을 담은 그림들이 마음에 와닿는다. 멋스러울 것 없는 평범한 일상의 조각을 아주 고전적이고 유려한 스타일로 담아낸 것이 인상적이다. 내가 데려 왔던 한국 친구들은 모두 프랑수아 뽕뽕 François Pompon 의 동글납작하게 단순화 된 동물 환조를 좋아했던 거 같다.

목욕탕 전시실 관람을 끝낸 후 긴 물길 바로 옆에 놓인 계단으로 올라가면 샤워실 칸 안에서 특별전시 중인 작품을 볼 수 있다. 이 샤워실 전시장은 루베, 혹은 주변 지역의 젊은 작가들을 알리는 데 활용되곤 한다. 샤워실 바로 맞은편 벽에 회화 작품들이 걸려있는데, 1층과는 달리 공업이나 패션에 관련된 그림이 대부분이다. 간혹 작품 배치 기준을 이해하기가 어렵고, 샤워실과 회화 전시 벽 양쪽이 주제적으로 서로 소통하는 구조가 아니다 보니 감상에 집중하기 힘든 공간이다. 1층의 카리스마에 눌려 2층은 보너스 스테이지 같은 느낌을 주는 것이 항상 아쉽다. 전시 공간 활용은 생각보다 복잡한 작업이다.

2층 끝에는 티쉬떼끄 tissuthèque, 즉 섬유 도서관이라는 공간이 있는데, 산업화 초창기부터 루베와 그 주변 도시에서 생산되던 섬유 샘플을 목록화해서 예약 구독자들이 열람할 수 있게 했다. 앞서 설명한 루베 공업 박물관에서 천 샘플 카탈로그를 예술품처럼 전시하던 19세기의 전통을 계속 이어가고 있는 셈이다. 패션이나 섬유공업 전문가, 학생이 주 이용자이고, 일반 관람객도 열람실 밖에 마련된 수납장에서 몇가지 샘플을 볼 수 있다.

뮤제는 관람객의 필요에 의해 끊임없이 변화하는 공간이기에 라 삐씬 역시 2018년 재개장을 하면서 몇 가지 전시관을 추가했다. 박물관 직원 로라 씨에 의하면 최근에 타지인들이 이 지역으로 관광을 올 때 랑스 Lens에 위치한 루브르 제 2관인 루브르 - 랑스와 라 삐씬을 패키지 여행으로 오는 경우가 많아졌다고 한다. 하지만 대부분이 라 삐씬 말고 루베의 다른 관광지는 둘러보지 않는다. 루베의 역사를 배울 시간이 없는 관람객들을 위해서 루베의 근현대사를 다루는 '루베 역사실'을 추가했다. 가로 13미터, 세로 6미터의 거대한 루베 시청 광장의 파노라마(1911년에 제작)가 가장 큰 벽을 차지했고, 그 앞에는 시청 및 광장의 옛 모습과 현재를 번갈아가며 보여주는 터치 스크린이 있다. 다른 나라에 비해서 훨씬 늦었지만, 프랑스 전역에서 뮤제들이 디지털로 관람객과 더 직접적으로 소통하려고 노력한다.

예전 수영장 입구 바로 옆에 루베파派 작가들 관이 있다. 2차 세계대전 이후 프랑스 북부의 공업도시들을 중심으로 활동하던 외젠 르루와, 외젠 도덴뉴, 제르멘 리쉬에 등 현대미술의 새로운 포맷을 찾던 작가들의 비공식적 명칭이다. 프랑스 예술사에서 중요한 역할을 하고 있음에도 이 그룹만을 조명하는 뮤제가 없었는데, 루베의 마스코트 같은 라 삐씬에 드디어 전용관이 생겼다. 전시관 앞 복도에도 루베파 작가인 외젠 도덴뉴 회고전 전시가 있었다. 나도 이 작가는 전혀 모르고 있었는데, 회화뿐만 아니라 조각과 가구 디자인까지 섭렵한 놀라운 예술가였다. 코로나 때문에 관람객을 맞이하지도 못하고 끝나게 된 특별전이라는 것이 속상할 뿐이다.

앙뚜안 부르델이나 알베르토 자코메티, 오귀스트 로댕 등의 상징적인 조각가의 작품 등, 이 뮤제가 소유하고 있는 엄청난 양의 조각 작품을 중점적으로 전시할 갤러리도 생겼다. 산업 시대에 주문된 거대 조각상들의 석고나 점토 초벌을 집중적으로 보여주는 이 조각 갤러리에는 '앙리 부샤르 Henri Bouchard 의 작업실'이라는 또 다른 작은 전시관이 있다. 지금은 사라진 파리의 '부샤르 미술관' 관장이 기증한 300점에 달하는 작품을 토대로 앙리 부샤르라는 디종 출신 조각가 생전의 작업실을 재구성했다. 19세기 후반에서 20세기 중반에 활동하던 조각가의 작업실 전체가 보존된 경우는 극히 드문데다 보존이 어려운 초벌작이 많기 때문에 근현대 조각가의 작업 방식을 보여주는 소중한 교육 매체라고 할 수 있다.

다만 이 전시실은 사회적인 이유로 개관 전부터 화제가 되었다. 앙리 부샤르가 루베나 라 삐씬과 직접적인 관련이 없기도 하지만, 프랑스 제국주의를

옹호하던 지자체의 주문을 받고 나치 독일의 괴뢰정권인 프랑스 비시 정부에 협력했던 인물이다. 라 삐씬 측에서는 박물관 내에 전시된 부샤르의 작품은 정치성을 띠지 않는다고 입장을 표명한다. 전시장 캡션이나 라 삐씬의 홈페이지에도 작가의 이러한 정치적 행보가 명시되어 있긴 하나, 정말 주의해서 읽지 않으면 찾기 힘든 정보이다. 설명문에 교묘하게 작가의 정치적 개입 사실을 축소하려는 듯한 어투를 사용하며 주제를 미숙하게 다룬 점으로 인해 이 전시실을 둘러싼 논란은 여전히 현재 진행형이다.

오르락내리락하며 힘들게 전시실을 둘러봤으면 휴식도 필요하다. 검은 사슴상을 지나 테라스로 나가보면 잘 가꾼 네모난 정원이 지친 관람객들을 맞이한다. 원래 일광욕실이었던 정사각형 안뜰은 인디고, 카시스, 아티초크 등 1970년대까지 루베에서 실제로 섬유염색을 위해 쓰던 식물로 가득한 정원이 됐다. 안뜰을 둘러 싼 정사각형 모양의 복도가 마치 수도사들이 묵상하기 위해 걷던 공간인 수도원의 열주회랑 같다. 테라스 맞은편의 옛 카페테리아 자리는 바닐라 필링이 들어간 릴 와플로 유명한 고급 제과점 쉐 메르 Chez Méert (혹은 쉐 메르트)의 루베점이 차지했다. 대학생 때부터 정원을 보면서 여기서 여유있게 차 한잔 마실 수 있기를 바랐는데, 봉쇄령으로 모두 닫혀있는 지금은 그때 망설이지 말고 도전할 걸 그랬다고 후회한다. 잠시 감상에 잠겼다가 시계를 보니 벌써 네 시 반. 곧 직원들이 퇴근해야 할 테니 짐을 챙겨 나가기로 한다.

라 삐씬의 모든 구석이 참 아름답다. <가장 따뜻한 색, 블루(압둘라티프 케시시 작, 2013년 개봉)>란 영화에서도 이 곳이 잠시 배경으로 나온 것처럼 요새는 이 물길 앞에서 드라마나 단편 영화를 많이 촬영한다고 한다. 루베 시민들의 수영장이었던 건물은 뮈제가 되어 프랑스 북부를 너머 전세계 사람들이 가보고 싶어하는 장소가 됐다. 하지만 아직도 왜 이곳이 이렇게 큰 인기를 끌고 있는지, 박물관으로 탈바꿈할 가치가 있었는지 의아하신 분들도 있을 것이다.

우리나라에는 온전히 보전된 문화재가 적기도 하지만 오래된 근현대 건물의 기능 전환 예는 더욱 적다. 대다수의 미술관 혹은 박물관이 새로 지은 건물 안에 위치한다. 프랑스의 경우는 건물 재사용 사례가 많고, 그 중에서 문화 시설이 차지하는 비율도 높다. 사실 라 삐쎈의 재전환은 우리에게도 많이 알려진 파리의 옛 기차역이었던 오르세 미술관 사례와 크게 다르지 않다. 그도 그럴 것이 라 삐쎈 공사를 계획한 장 폴 필리퐁 Jean-Paul Philippon 이 그 기차역을 전환한 설계자이기 때문이다.

개조의 가치는 좀 더 본질적인 곳에서 온다. 60~70년대 프랑스의 탈공업화 이후 공장이 대거로 문을 닫고 실업률이 급격히 상승했다. 도시 경제 재전환의 어려움과 노동자층의 빈곤화란 고질적인 문제를 해결하지 못하고 있던 루베는 2000년대까지만 해도 '프랑스에서 가장 가난한 도시' 꼬리표를 떼지 못했다. 이 도시에 박물관을 만들겠다고 할 당시의 뮈제 주 관람객은 중산층이었고, 사회적 분위기 때문에 루베 시민 대부분이 미술관이나 박물관에 갈 엄두도 내지 못했다. 그래서 루베에 박물관을 세워봤자 아무도 가지 않을 것이라 비아냥거리던 언론도 적지 않았다.

문화생활을 어려워하는 시민을 위해서라도 라 삐쎈의 모토는 정확해야 했다. '연대하는 박물관'이 되기 위해 모든 루베 사람이 사랑하던 그 장소를 소생시켜 이 뮈제가 누구의 것인지 확실히 보여주기로 한 것이다. 여기가 아

니면 어디서도 예술을 접할 기회가 없는 이들이 언제 오더라도 이전에 보지 못한 새로운 작품을 볼 수 있게 라 삐씬은 1년에 두 번 내지 세 번의 크고 작은 특별전을 열고 있다. 연대라는 목표에 걸맞게 개관부터 스태프로 루베 주민 중에서도 공장 폐쇄로 직업을 잃은 분들을 우선적으로 채용했다. 스태프의 대부분이 이날 동행해 주신 사이드 씨처럼 어린시절 시립수영장을 이용했던 분들이라서 이곳에 각별한 애정을 가지고 계시다.

이 뮤제에선 조부모가 어린 아이의 손을 잡고 관람하는 걸 자주 볼 수 있다. 옛 수영장 - 목욕탕의 손님들은 향수 때문에라도 한번은 입장권을 끊어 볼 것이다. 시내의 학교와 소통해 어린이가 다양한 방식의 전시 설명과 문화 활동에 참여하도록 장려하며 미래의 주 관람객인 어린이에게 특별히 공을 들이기도 한다. 학교에서 단체관람으로 라 삐씬을 찾은 어린아이들은 이곳을 추억의 공간으로 규정하고 다시 찾아 올 가능성이 높기 때문이다.

본래 루베 시민에게 충실하려 했던 뮤제는 이제 많은 관광객에게 거의 필수 코스가 되었다. 누군가 나에게 '라 삐씬을 타인에게 추천하는가?'라고 묻는다면 답은 무조건 '그렇다'이다. 하지만 '뮤제로 라 삐씬을 좋아하느냐?'라고 묻는다면 대답이 조금 어렵다. 길쭉한 기차역을 활용한 오르세 박물관처럼 이 뮤제도 길고 좁은 직선 공간 안에서 자유로운 순환적 관람이 어렵다는 단점이 있고, 누군가는 물길 쪽에서 들려오는 물소리나 음향효과가 감상에 방해된다고 생각하기 때문이다. 각 전시실의 테마 분류 방식이 간혹 모호하기 때문에 프랑스어를 사용하지 않는 관람객은 전시의 방향성을 본능적으로 이해하기 힘들 수도 있다. 많은 오브제가 전시 공간이 가진 카리스마에 눌려 자체적인 아우라를 잃기도 한다.

어쩌면 우리는 뮤제로써 라 삐씬보다 라 삐씬이란 공간을 사랑하는 것인지도 모른다. 전시에 대한 큰 기대 없이 그저 근사한 내부를 즐기기 위해 여길 들를 때마다 관람의 목적이 지적 향유가 아니란 것에 찝찝함을 느끼기도 한다. 하지만 황홀감 같은 감정을 찾는 것이 예술 감상의 본질이라면, 우리 안에 파동을 만드는 것이 꼭 소장품이 아니라 그저 오후 3시에 스테인드 글라스를 통해 들어오던 햇빛처럼 두루뭉술한 감성이라도 괜찮지 않을까? 복잡한 이유 없이 사랑할 수 있는 공간이 더 많아졌으면 하는 들뜬 기분을 안고 출구에 오늘의 스티커를 붙인다.

La Piscine - Musée d'art et d'industrie André Diligent
23 Rue de l'Espérance
59100 Roubaix

Focus

수영장과 공중위생의 상관관계 : 뚜르꼬앙 시립 수영학교의 예

라 삐씬의 전신이 된 루베 시립 목욕탕 - 수영장의 개관은 1920년대에서 1930년대까지 프랑스 북부 도시에서 유행했던 수영장 설치 정책의 일환이다. 이 공중보건 증진을 위한 정책의 근간을 까리용 박물관이 있는 이웃 도시 뚜르꼬앙에서 찾을 수 있다. 1899년 당선된 뚜르꼬앙의 시장 귀스타브 드롱 Gustave Dron은 노동자 계층의 심각한 빈곤화를 해결하기 위한 주요 정책으로 주민들의 구조적 건강증진을 제시한다. 당시 노동자 계층을 가장 위협하던 요소 중 하나는 결핵이었는데, 전직 의사로서 건강에 대해 누구보다 잘 알고 있던 드롱은 신선한 공기, 운동, 그리고 무엇보다 규칙적인 목욕이 결핵 감염을 줄일 수 있다는 사실을 토대로 위생 정책을 개선했다. 특히나 전염병 취약계층인 어린이들을 위해 당시에는 이례적으로 샤워실과 목욕탕이 정비된 시립 수영학교를 건설하기로 결정했다.

라 삐씬보다 앞서 1904년에 개관한 이 수영학교 덕분에 아이들은 더욱 건강해졌고, 1911년에는 뚜르꼬앙의 초등 교육 과정에 수영이 의무화된다. 지금이야 프랑스 전역에서 수영을 생존 스포츠로서 가르치지만, 20세기 초반까지만 해도 학교에서의 수영 교육은 획기적인 일이었다. 의무 수영 교육 덕분에 뚜르꼬앙은 수상경기 동아리인 "넵튠의 아이들 *Enfants de Neptune*" 팀을 앞세워 올림픽의 수영과 워터 폴로(물 속에서 하는 폴로게임) 부문에서 메달을 휩쓸어간다.

프랑스의 첫 수영학교 중 하나를 유치했다는 자부심을 가진 뚜르꼬앙 주민에게 수영은 윗 세대부터 전해 내려오는 특별한 전통이다. 그러나 루베의 수영장처럼 뚜르꼬앙의 수영학교 시설도 시간의 흐름에 따라 낡아갔고, 결국 1999년에 문을 닫게 됐다. 하지만 2016년에 이 건물에 파리에 본원을 둔 아랍세계 연구소 *Institut du monde arabe* 분점이 들어서며 이제는 아랍 문명권의 역사와 문화를 배우고 체험하길 원하는 주민을 맞는다.

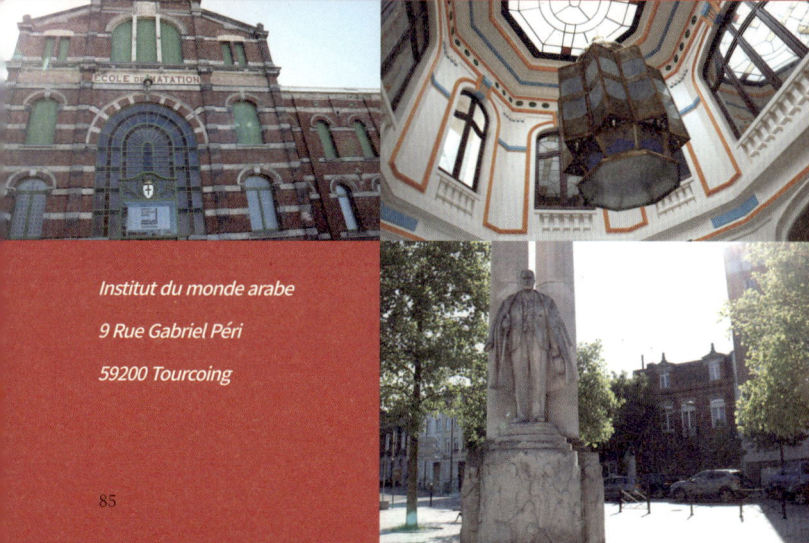

Institut du monde arabe
9 Rue Gabriel Péri
59200 Tourcoing

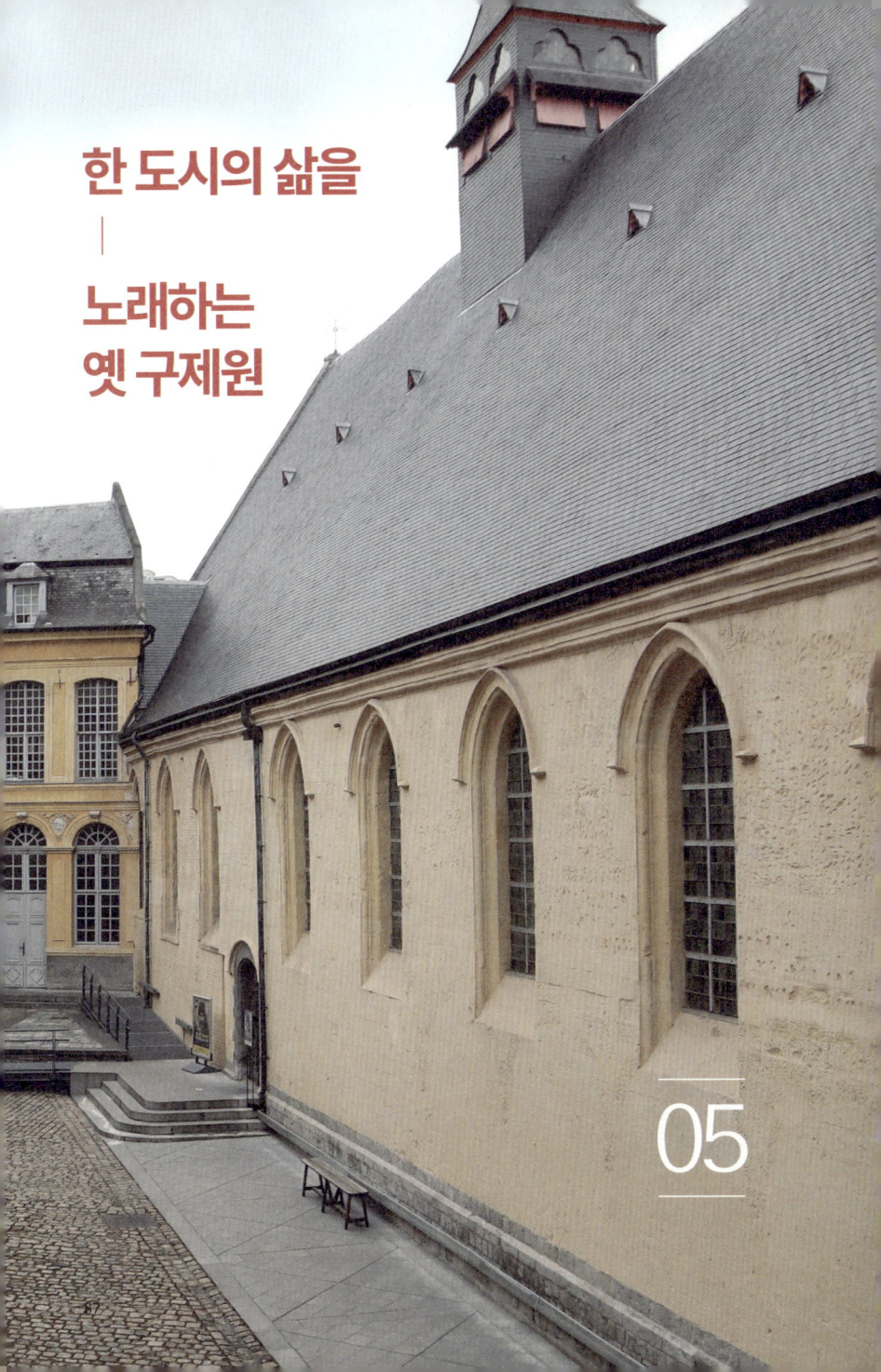

한 도시의 삶을
노래하는 옛 구제원

05

릴의 오스피스 꽁떼스 박물관

Musée de l'Hospice Comtesse, Lille

기차로 파리에서 한 시간, 브뤼셀에서 삼십 분이면 도착하는 유럽의 사거리. 지금까지 다룬 빌뇌브 다스크, 루베, 뚜르꼬앙을 하나로 묶는 거대한 메트로폴리스의 중심. 이번엔 드디어 '플랑드르의 수도'라는 별명을 가진 릴을 소개한다. 부유한 중세 상업도시였던 릴은 19세기에 산업 혁명을 맞이하며 직조 공업도시로서 비약적으로 성장하나, 프랑스의 탈공업화가 진행되며 급격히 몰락했다. 1990년대까지 과거의 영광만 남은 삭막한 도시의 꼬리표를 달고 있었으나 서비스업으로 주요 경제 활동을 전환하며 다시 안정을 찾아갔고, 2004년 유럽 문화 수도로 지정되며 어엿한 관광지로 거듭난다.

릴 관광은 양옆에 나란히 놓인 릴 플랑드르 역과 릴 유럽 두 기차역에서 시작한다. 두 역에서 걸어서 5분이면 릴 구도심의 초입에 놓인 그랑 플라스 Grand - Place 에 다다른다. 그랑 플라스는 중세 후반기 장터 주위로 시내가 구성되며 나타나는 벨기에와 프랑스 북부 도시의 특징적인 대광장이다. 분수대에 서서 광장  을 빙 둘러보면 릴 그랑 플라스만의 특이한 점을 발견할 수 있다. 딱 봐도 오래된 좁은 벽돌집부터 노란색과 빨간색이 섞인 화사하고 낮은 건물, 조금 더 신식으로 보이는 차분한 흰색의 세련된 석조 건물까지, 마치 여러 차례에 걸쳐 지은 것처럼 건물이 각양각색이다. 어쩌다 한 공간에 이렇게 다양한 양식의 건물이 뒤섞이게 됐을까? 릴 구도심은 원래부터 이런 모습이었을까? 구도심의 근사한 상점 사이에 자리한 오스피스 꽁떼스 릴 역사·민속박물관이 그 질문에 답을 줄 수 있다.

오스피스 꽁떼스라니 이름부터 낯설다. 풀이하면 오스피스 hospice 는 구제원을, 꽁떼스 comtesse 는 여백작 혹은 백작 부인을 뜻한다. 여기서 말하는 '꽁떼스'는 바로 콘스탄티노플의 조안 Jeanne de Constantinople * 백작이다. 그는 현재 프

---

* 조안은 플랑드르와 에노의 백작이자 콘스탄티노플 라틴 황제였던 보두앙 6세의 첫째 딸로, '콘스탄티노플의 조안' 혹은 '플랑드르의 조안'으로 불린다.

랑스 북부와 벨기에 남서쪽 지역에 해당하는 플랑드르와 벨기에 남동쪽에 노라는 지역을 다스렸는데, 릴은 9세기 중반에서 14세기 극후반까지 플랑드르 백국의 일부였다. 13세기 초반에 홀로 두 지역을 다스리던 조안은 주로 릴에 거주하며 늪지였던 릴에 운하를 건설하는 등 다양한 도시 건설을 진행하고 경제 성장을 독려했다.

조안의 또다른 업적 중 하나는 구제 기관 설립 장려이다. 1237년 조안이 백작궁 정원의 일부를 기부해 세운 작은 구제원이 오스피스 꽁떼스의 시초이다. 처음엔 평범하게 '성모 병원'이라고 불렸으나, 조안 백작에게 호의와 존경심을 표하던 릴 사람들이 이곳을 '여백작의 구제원'이라 부르기 시작했고, 조안의 사후에 백작 자리를 물려받은 동생 마그리뜨가 이 별칭을 정식으로 차용했다.

병든 이, 가난한 이, 순례자를 무료로 수용하는 이 시설은 세금과 후원금으로 운영했고, 간호와 시설 관리는 총괄적으로 아우구스티누스회 수녀들이 담당했다. 안타깝게도 13세기 초기 건물은 1468년 큰 화재로 전소되어 사라졌다. 현재 우리가 보는 건축물은 15세기에서 18세기에 완성된 모습이다. 그래서 마치 서로 다른 시기에 세운 건물로 가득 찬 그랑 플랑스처럼, 이 뮤제의 안뜰에만 들어서도 릴의 건축적 변화를 파노라마로 볼 수 있다.

먼저 입구 반대편으로 15세기 화재 이후로 재건한 '병자들의 방'이 보인다. 하얀 돌로 지은 긴 건물은 이 뮤제에서 가장 오래된 건물로, 병원이란 기능에 알맞게 장식이 거의 없는 아주 간결한 고딕 양식이다. 이 시기 릴은 유럽에서 가장 막강한 영주 중 하나인 부르고뉴 공작의 지배 아래 있었다. 프랑스 왕자이던 부르고뉴의 용담공 필립은 15세기 말에 플랑드르 마지막 백작의 딸 마그리뜨와 결혼해서 플랑드르와 부유한 도시인 릴을 얻게 된다.

릴은 15세기 말까지 부르고뉴령이었다가 부르고뉴의 여공작 마리와 막시밀리안 1세의 결혼으로 인해 신성 로마 제국에 흡수됐고, 둘의 손자인 카를 5세가 1516년 에스파냐 왕으로 즉위하며 '에스파냐령 네덜란드'의 일부가 됐다. 17세기 초중반에 릴은 에스파냐의 예술 양식과는 확고히 구별되는 독창적인 '플랑드르 르네상스' 스타일을 꽃피우는데, 구제원의 동쪽과 남쪽의 붉은 파사드가 이 양식을 잘 반영한다. 이 두 파사드는 빨간색과 노란빛으로 알록달록하면서 벽돌 질감이 확연히 보이는 것이 특징이다. 특히 남쪽 건물이 눈에 띄게 화려하다. 정문 현관 위로 경비용 망루가 우뚝 서 있고, 시계에는 금박을 입혔고, 벽면은 천사, 조개껍데기, 식물 장식으로 가득하다. 이렇게 화려하고 풍요로운 외관이 플랑드르 르네상스 건물의 특징이다. 입구와

망루가 있는 남쪽 건물의 1층은 구제원 운영비를 충당하기 위해서 상인과 장인들에게 임대했다고 한다.

가장 늦은 1724년에 건축한 서쪽 건물은 앞선 두 파사드와는 정반대로 파스텔 톤의 얌전한 표면 위에 수직을 강조하는 은은한 몰딩, 절제된 부조 장식이 특징이다. 심지어 이전까지 가장 중요한 건

축자재였던 벽돌도 사용하지 않았다. 1665년 스페인의 필리파 4세가 사망하자 그의 사위였던 프랑스의 루이 14세가 릴을 비롯한 에스파냐령 네덜란드를 침략했고, 1667년에 태양왕에게 정복당한 릴은 프랑스에 직접적으로 귀속된다. 마치 릴이 프랑스령이 된 것을 상징하듯 고전 프랑스 스타일로 세워진 서쪽 건물은 현재 사무실로 사용한다.

안뜰을 다 둘러보고 병자들의 방 Salle des malades 으로 향했다. 바깥처럼 안도 소박하다. 가로 회랑이 없는 단층구조에 배를 엎어 놓은 것 같은 볼록한 목조 천장은 릴 지역 15~16세기 종교 건축의 특징이기도 하다. 이 공간은 기획 전시실로 사용하며, 내가 간 날도 다음 기획전 준비로 내부가 거의 텅 비어있다시피 했다. 임시로 설치한 벽과 전시물이 사라진 병자들의 방은 전시회가 있던 때보다 좁아 보였다. 몇 백 년 전에는 이 홀에 전시나 역병 등 특수 상황에서 60명 정도

를 수용했다 하니 놀라울 따름이다. 내원자들은 벽에 딱 붙은 작은 침대에서 생활했다. 오늘날의 캡슐호텔처럼 침대마다 커튼과 칸막이가 쳐져 있었고, 플랑드르 백작가의 문장이 수놓인 이불도 있었다. 심지어 벽에 홈을 파서 만든 개인 사물함 몇 개가 중앙 홀의 벽에 아직도 남아있다.

병자의 방 너머로 17세기 후반에 추가된 예배당이 보인다. 예배당은 내원자들과 성직자들의 접촉을 최소화하기 위해 높은 주랑으로 병자의 방과 분리했으며, 오직 성직자들만이 예배당에 들어갈 수 있다. 대신 내원자들은 서

로의 캡슐 호텔 안에서 주랑 너머의 기도문을 들으며 하루를 시작하고 마무리할 수 있었다. 예배당 천장을 빽빽하게 덮은 후원자들의 문장은 구제원의 보육원에서 자란 한 기숙생이 1853년에 감사를 전하기 위해 자수로 제작한 것이라고 한다.

예배당에서 나와서 안뜰을 가로지르면 동쪽 건물로 돌아온다. 입구 건물보다 얌전한 이곳은 수녀들의 생활 공간으로, 1층으로 들어가자마자 주방이 나온다. 사료에 의하면 제공되는 식사가 아주 훌륭했다는데, 신선한 야채를 곁들인 고기 요리와 질 좋은 빵, 치즈, 적포도주와 백포도주가 나왔다고 한다. 내원자들과 수녀들의 식사를 모두 담당하는 공간이니만큼 설비에도 신경을 쓴 듯하다. 창 쪽으로 긴 조리대가 있고, 큰 벽난로 위로는 훈제실이 있어 올라오는 연기로 고기와 소금을 훈연할 수 있었다.

부엌의 벽을 모두 감싸고 있는 세라믹 타일이 평범한 장소를 돋보이게 만든다. 코발트 염료로 그린 손그림이 들어간 이 타일을 델프트 타일**이라 부르데, 벽난로에서 나오는 그을음이나 요리로 인한 기름때를 쉽게 닦아 낼 수 있어 17세기 부잣집 부엌의 벽은 모두 이런 식으로 도장이 되어 있었다. 심지어 일조량이 낮은 시기에는 햇빛을 반사해 내부를 밝히는 역할도 하니 일석이조다. 내 취미는 이 타일을 하나하나 감상하는 것이다. 주로 풍차가 있는 시골 풍경이나 카드 게임이나 굴렁쇠같은 취미생활이 모티프가 되지만

** 17세기부터 극동 아시아를 여행하게 된 홀란트의 중서부 지역의 왕국 상인들이 아시아의 도자기에 영감을 받아 델프트(암스테르담에서 남서쪽으로 50km 떨어진 현 네덜란드 중서부 도시)를 중심으로 흰 바탕에 파란 모티프가 있는 도자기 물품을 생산하기 시작했다. 델프트 타일 역시 이 시기에 만들어졌고, 릴에 델프트 출신 장인들이 자리 잡으며 릴에서도 비슷한 제품이 제작 가능해졌다.

<성모 병원의 설립>, 1632년 제작, 릴, 오스피스 꽁떼스 박물관 소장

간혹 인어와 바닷괴물도 볼 수 있다. 일일이 손으로 그린 그림이다 보니 차이점을 찾는 것이 정말 재미있다. 내가 제일 좋아하는 그림은 달팽이처럼 생긴 양이다. 작은 공간에 동물을 자세히 그리는 것은 어려웠는지 원 두 개로 머리와 몸통을 만들고, 게 눈처럼 타원을 찍찍 그어 양의 귀를 표현했다.

부엌 바로 옆으로 수녀회의 식당과 응접실, 그리고 아주 좁은 약재소가 나온다. 약재소 벽을 가득 채운 약재 수납장 안에는 약이 들어있지 않는 시약병, 약통, 절구나 각종 도구가 들어있다. 모두 폐관한 다른 의료기관에서 기

증한 19세기의 약학과 관련한 유물이다. 눈길을 끄는 전시물은 작가 미상의 <약학수업>(1815년 작)이라는 좌우로 길쭉한 그림이다. 가운데 수녀원장이 시약 병을 들고 일곱 명의 수녀들을 가르치고 있고, 수련 수녀가 거즈를 준비하는 가운데 방 한쪽에서 병든 노인이 구제원에서 머물기 위한 추천서를 들고 이들에게 다가가고 있다.

그림 속의 인물들은 백작 조안의 여동생 마그리뜨가 릴과 멀지 않은 스끌랭Seclin 이란 도시에 세운 구제원에서 일하던 수녀들이다. 조안과 마그리뜨가 여러 구제 기관을 창립했을 때, 대부분의 구제원에서 여성 수도사가 간호를

주관했기 때문에 이 시기에 여성의 종교 및 사회 활동 참여가 증가했다. 구도도 어설프고 큰 기교는 없는 그림이지만, 구제원의 수녀들이 단순한 임무 집행자가 아니라 약학 지식을 가지고 내원자들을 진료하는 의료인이었음을 확실히 보여 주는 소중한 사료이다.

1층의 마지막 방인 세탁실까지 둘러봤으면 델프트 타일이 붙은 계단을 통해 2층으로 올라갈 수 있다. 두 번째 화재로 소실된 후 17세기에 재건한 수녀들의 공동 침실은 이제 릴의 중세 시대에서 대혁명 직후까지의 생활상을 보여

주는 상설 전시관이다. 작은 홀이지만 다양한 길드가 남긴 작업품들, 일상에서 쓰던 도구들, 릴 광장과 도심의 변천사를 보여주는 풍
경화까지 볼거리가 많다. 복잡한 릴의 정치사를 한눈에 보고 싶다면 입구 가까이 있는 릴을 다스린 군주의 초상화 전시관으로 가면 된다. 수많은 백작과 공작 사이에서 구제원의 설립자인 조안은 항상 장식이 없는 두꺼운 겉옷을 입고 머리에 베일을 쓴 수수한 모습으로 표현되곤 한다.

마지막 두 관은 릴이 프랑스 왕국에 귀속된 이후의 삶을 보여준다. 특히 '릴의 와토***'라 불리던 릴 전속 화가인 프랑소와 조젭 와토의 <1789년 릴에서의 행렬>(1800년 작)이란 작품은 그랑 플랑스에서 매년 열리던 종교 행렬을 아주 자세히 그려내고 있다. 1792년 오스트리아군의 폭격으로 사라진 성 에띠엔느 성당을 제외하면 현재의 광장과 비교했을 때 거의 구조가 달라지지 않은 걸 확인할 수 있다. 이 그림을 사진 찍어서 다시 광장으로 갔을 때 차이점을 찾아보는 것도 재밌다. 18세기 릴의 과학적 발전을 다루는 여러 오브제를 뒤로 하고 출구로 향한다.

*** '릴의 화가 와토Watteau de Lille'는 한 명이 아닌 두 명의 릴 전속 화가를 일컫는 별칭이다. 루이 조젭 와토는 릴의 역사적 사건을 주로 다뤘고, 그의 아들 프랑소와 와토는 사회적이거나 일상적인 장면을 화폭에 담았다. 루이 조젭 와토는 섬세하고 로맨틱한 아연화 fêtes galantes를 주로 그리던 앙뚜안 와토의 조카이다.

2층 박물관을 다 돌아 보았으면 바람도 쐴 겸 생활관과 예배당 사이의 좁은 길로 출입할 수 있는 약초 정원으로 간다. 건립 초기부터 오스피스 꽁떼스에는 작은 과수원과 농장까지 딸려 있어 식자재 공급을 통해 일부 자급자족이 가능했다. 수녀들은 약이나 허브티를 제조하기 위해 정원을 자주 오갔을 것이다. 이곳은 원래 정원보단 훨씬 작다. 1980년대에 작은 공터에 정원을 재구성하면서 중세 시대부터 쓰던 약초를 심어놓았다. 창살 너머로 불어오는 바람에 약초 향이 섞이면 피로가 풀리는 기분이 들고, 라벤더나 린넨의 보라색 꽃이 필 때면 신비로운 분위기도 감돈다.

오스피스 꽁떼스는 릴의 플랑드르 시기부터 19세기 초반까지의 역사를 모두 품고 있다. 하지만 구제원의 역사는 여기서 끝나지 않는다. 프랑스 대혁명 이후 릴의 공중 보건 시스템이 개편되면서 오스피스 꽁떼스의 환자들은 좀 더 현대적인 성 소뵈르 병원으로 이송됐다. 이곳은 한동안 요양원 및 보

육원으로 기능하다가 시설이 더 낙후되자 릴 대학병원의 물류창고로 남게 된다. 1940년대부터 릴 시청은 이 부지를 눈여겨 보다가 1962년부터 90년 대까지 옛 구제원을 천천히 릴의 역사 박물관으로 변신시켰다.

릴에 있어 오스피스 꽁떼스는 이제 아무도 기억할 수 없는 릴의 오래 된 추억을 간직한, 사진첩이나 일기장처럼 중요한 과거의 기록이다. 이 뮤제를 돌아보고 다시 릴 구도심을 거닐면 조금 더 눈에 들어오는 디테일이 많아진다. 그럼에도 지금까지 릴에 들른 한국 친구들에게 이 뮤제를 맘 편히 추천하지 못한 이유는, 많은 민속 박물관이 그렇듯 친절하고 현대적으로 관람객과 소통하는 뮤제가 아니었기 때문이다. 방마다 설명문이 붙어 있는 정도의 고전적인 미장센을 고수하고 있어서, 사전 지식이 전무한 상태로 방문하신 분들에겐 그저 오래된 가구가 들어선 좁은 방 몇 개와 자잘한 예술작품이 있던 옛날 집 정도로 기억될까 염려했다.

2022년 봄, 박물관 측에서 전체적인 보수공사가 끝났으니 달라진 뮤제를 보러 한번 더 찾아와 달라 부탁했다. 유독 관람객과의 상호작용이 부족하던 생활공간 건물로 들어가자마자 새로운 것들이 보였다. 프랑스어, 영어, 네

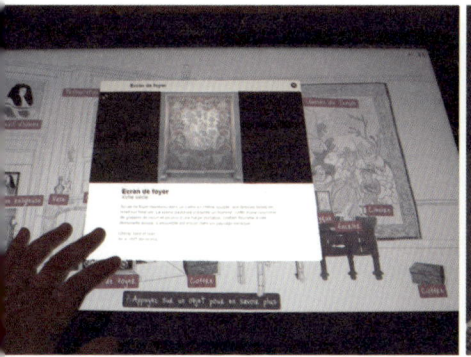 

덜란드어, 점자로 된 설명판이 읽기 쉽도록 크게 세워졌고, 그 위에 주요 작품을 쉽게 이해할 만한 시각적 자료들이 제공된다. 어린이를 위한 관람 설명서 역시 따로 구비했다. 그 외에도 몇몇 전시실 안의 터치 스크린으로 다양한 전시물에 대한 설명을 선택해서 볼 수 있게 됐고, 더불어 촉각을 주로 이용하는 분이 만질 수 있는 전시물 복제품을 비치해 관람이 좀더 풍요로워졌다.

이전의 뮈제가 나와 말은 잘 통하지 않지만 옛 이야기를 많이 아는 터줏대감 같았다면, 지금의 오스피스 꽁떼스는 마치 손자들이 하는 말을 이해하려고 유행어를 배우려 노력하는 어르신 같다. 나무로 제작한 다용도 설명판은 우아하고 세련돼 고즈넉한 건물의 분위기와 잘 어울린다. 이외에 기숙사 2층 전시실도 기본 골조가 현대적으로 변했으며 전시물도 늘어났다. 2층 상설 전시실도 곧 리모델링할 계획이라고 하니 여러분이 가실 때면 여기도 많이 달라져 있을 것이다. 이런 세심한 재정비는 모든 뮈제가 누릴 수 없는 특권임을 알기에 오스피스 꽁떼스의 변화가 소중하게 느껴진다.

이제는 가벼운 마음으로 릴을 찾은 사람들에게 새 옷을 차려입고 조용히 앉아있는 이 뮈제의 말동무가 되어달라고 부탁할 수 있다. 오래된 돌길 위로 난 옛 흔적을 따라 걷는 것을 좋아하시는 분들에게는 짧지만 풍요로운 산책이 되리라.

Musée de l'Hospice Comtesse
32 Rue de la Monnaie
59800 Lille

Focus

오스피스 꽁떼스 박물관 오른편에는 혼자 덩그러니 남아있는 붉은 벽이 있다. 부르고뉴와 플랑드르의 문장이 박혀있고 중앙에는 1649라는 숫자가 쓰여있을 뿐이다. 평범한 폐허 같기도 하지만 사실 박물관과 큰 관련이 있다. 한때 이곳에 운하가 흘렀는데, 백작 조안이 구제원의 밀가루와 기름 자급자족을 위해 물레방아를 운하 위에 건설했다. 인근에 사는 주민들은 모두 강제적으로 세금을 내며 이 물레방아만을 사용했고, 이 사용료가 모두 구제원 유지에 쓰였다. 1649년의 큰 화재로 첫 번째 물레방아를 잃고, 20세기 초에 재건한 것마저 벽 한 쪽만을 남기고 철거됐다. 위생 문제와 육로 부족 문제로 19세기 말부터 현재까지 완전히 메워지고 없는 옛 운하의 흔적을 볼 수 있는 장소이다.

미술관, 관점의 틀을 깨다

뚜르꼬앙의 뮤바 - 외젠 르루와

MUba - Eugène Leroy, Tourcoing

내가 삼 년 정도 일했던 뚜르꼬앙 도심의 전경은 다채롭고 복합적이다. 외관이 온통 통유리 벽인 현대적인 쇼핑센터 맞은편에 벽돌로 쌓은 육중한 성당이 자리잡고 있다. 시내를 연기로 가득 메우던 공장은 문을 닫고 철거됐지만, 여전히 중심가엔 공장주와 기업가의 사택이 가게와 식당 사이에 섞여 공존한다. '뚜르꼬앙 상트르 Tourcoing centre' 지하철역에서 5분을 걸으면 이 산업혁명 시기의 주택으로 가득 찬 길 끝에서 화려하고 웅장한 석조건물을 만나게 된다.

상당한 양의 부조로 호화롭게 치장한 이 건물은 1866년에 건축한 뚜르꼬앙의 시청이다. 아주 오래 전에는 이 시청의 3층 복도에 예술 작품이 걸려 있었다고 한다. 1860년대에 시장직을 맡은 기업가 샤를 루셀 드퐁텐은 예술과 문화에 조예가 깊었는데, 아직 따로 박물관이 없는 상황에서 시민이 문화 생활을 할 수 있게 개인 소장품을 전시한 것이다. 그는 시의 예술품 확충을 위해 국가로부터 받는 반영구적 예술품 위탁과 민간인 기증 등을 장려했고, 심지어 사후에 개인 소장품의 대부분을 시에 넘겼다. 이 컬렉션이 바로 뚜르꼬앙 첫 시립 미술관의 시초이다.

시청 오른편 윈스턴 처칠 공원의 거대한 대리석 화병 주위로 놓인 벤치에 앉으면 하얀 건물 하나가 보인다. 이는 시청에 미술품을 전시하던 루셀 드 퐁텐 시장이 1865년 건설한 사택이다. 마지막 거주자 사후 빈집이 된 건물을 뚜르꼬앙 시가 구입했고, 1931년에 시립 컬렉션의 영구적인 안식처가 되어 줄 미술관으로 재탄생하게 된다. 시장이 시청에 전시했던 작품이 그 시장 가문 사택에 전시되다니, 마치 뱀이 자기 꼬리를 물듯 원점으로 돌아온 느낌이다. 그리고 이 흰색 저택이 내가 잠시 일했던 뮤바 외젠 르루와, 줄여서 뮤바이다.

뮤바의 하얀 외벽엔 맞은편 시청처럼 화려한 부조는 없지만 눈길을 확 끄는 요소가 있다. 아무런 설명이나 장식 없이 단순한 필체로 Provisoire & Définitif 임시적이고 확정된 라 쓰인 파란 네온사인이다. 이 설치미술 작품은 1996년에 제작한 이탈리아 예술가 마오리찌오 나누치 Maurizio Nannucci 의 작품이다. 원래 이 장소를 위해 제작된 작품은 아니나, 현재 거의 확정적으로 뮤

바에 남게 되었으니 정말 '임시적이고 확정된' 마스코트라고 하겠다.

뮤바는 이 책에서 처음 소개하는 온전히 예술품만을 다루는 미술관이다. 입구 로비에서 몇 년 전의 향수를 느끼며 왼편의 응접실에 들렀다. 응접실이었던 내부는 19세기 후반 사택의 정신없을 정도로 현란한 장식 양식을 잘 보여준다. 도금과 어우러지는 초록색 벽, 오래되어 수은 얼룩이 진 거울과 육중한 샹들리에가 근사하다. 지역에 오랫동안 뿌리를 내리고 정치인과 예술인들을 여럿 배출하던 기업가 가문의 응접실은 이제 음료 한 잔을 마시며 피곤을 달래고 싶은 관람객을 맞이하는 카페로 변신했다.

카페에서 나오면 중앙 홀로 가는 통로와 2층으로 올라갈 수 있는 계단이 있다. 보통 마지막에 들르는 카페에서부터 관람을 시작했으니, 아예 반대로 관람을 해 보고 싶어 2층으로 먼저 올라가기로 한다. 흰 벽에 둘러싸인 높은 계단을 오르면 묘하게 감정이 고양된다. 계단 중간까지 오르다 고개를 들면

천장까지 닿는 검은 바탕 위로 떨어지는 하얀 폭포가 내게로 쏟아져 내린다. 이 거대한 캔버스는 바로 미국 출신 작가 팻 스테어 Pat Starr 의 〈공작 폭포(1990년)〉이다. 1990년대에 이 미술관을 방문한 팻 스테어가 자기 작품을 걸기 위해 사방이 온통 하얀 이 공간을 골랐다.

높은 사다리 위에 올라가 흰 물감을 잔뜩 머금은 붓을 검은 캔버스 위에 대고 누르면 하얗게 떨어지던 물감은 점점 검은색을 빨아들이며 회색이 되어 간다. 검은 바탕의 작품과 하얀 벽의 중첩적인 무채색은 안정감을, 캔버스 위로 흘러내리는 하얀 물감이 역동감을 가져온다. 혼란한 제2차 세계 대전 당시에 태어난 팻 스테어는 동양의 도교를 연구하며 얻은 마음의 평화와 안정을 물감의 흘러내림으로 표현하고자 했다. 마치 명상하라는 듯 걸린 이 캔버스는 장소에 수직적인 힘을 부여한다. 희뿌연한 폭포의 흐름은 뜻밖의 원근법을 선사하며 누군가 계단을 오르내릴 때, 혹은 멈춰 있을 때도 시시각각 새로운 얼굴을 보여 준다.

계단을 올라가면 두 개의 작은 전시실을 지나치게 된다. 17세기의 정물화로 치장된 첫 번째 방을 지나 조금 더 큰 가장 안쪽 방으로 들어가면 벽을 빼곡히 채운 독특한 기하학적 벽화가 있다. 1990년부터 뮤바의 한쪽을 차지한 중요한 작품인데 작가 미상도 아니건만 그 흔한 사인도 없다. 차가운 느낌을 주는 색은 바닥으로, 따뜻한 느낌을 주는 색은 천장으로 향하는 것이 공기의 순환과 파동을 떠오르게 한다.

이 벽화는 20세기 미국 작가 솔 르윗 Sol Lewitt 의 작품이다. 1968년부터 르윗은 완벽한 2차 원의 구현을 위해, 두께가 있는 캔버스가 아닌 벽에 직접 작업을 하는 월 드로잉 Wall drawing 을 시작한다. 구상이 끝나면 아주 세밀한 설계도를 완성해, 독특하게도 조수나 다른 아티스트들에게 나머지 작업을 맡긴다. 그에게 중요한 것은 물질적으로 구현된 결과물이 아니라, 이미 한 번 완성되면 더 이상 없앨 수 없는 구상 그 자체이다. 그에게 월 드로잉은 작품이 파괴된 이후에도 영원히 유지되는 설치예술이다.

옛 겨울정원을 개조한 1층 넓은 갤러리의 유리 천장을 통해 작품을 손상시키지 않을 정도의 은은한 자연광이 들어 온다. 갤러리 초입에 알록달록한 캔버스가 세 점 걸려 있다. 주로 프랑스 북부에서 회화, 조각, 판화 등 다양한 활동을 한 외젠 르루와 Eugène Leroy 라는 뚜르꼬앙 출신 예술가의 작품이다. 뮤바에는 항상 이 사람의 작품이 곳곳에 배치되어 있고 잘 보면 이 뮤제 이름에도 그의 이름이 들어간다. 처음에 나는 여기가 외젠 르루와라는 작가의 미술관이거나, 아니면 파리의 조르주 퐁피두 센터처럼 유명한 정치가 이름이 붙은 것이라고 짐작했었다.

르루와는 주로 릴 주변 지역에서 활동하다가 2000년에 사망했다. 2009년, 시립 박물관의 리모델링이 거의 끝나가던 시점에 작가의 두 아들이 그의 작품 및 개인 소장품 총 600점을 시에 기증했고, 이에 감사하기 위해 뮤제 측에서 미술관 이름 뒤에 '외젠 르루와'를 추가하기로 결정했다. '외젠 르루와 뚜르꼬앙 시립 미술관'이란 이름이 너무 길어서 미술관을 뜻하는 '뮤제 데 보자르 MUsée des Beaux - Arts '의 앞글자만 따와 뮤바 외젠 르루와 MUba - Eugène Leroy 로 부르게 된 것이다. 유럽에서 이 작가의 작품을 이렇게 포괄적으로 소장

한 시설은 이곳 뿐이다.

외젠 르루와의 작품들은 한 번 보는 것으론 이해하기 힘들다. 학생 시절부터 17세기 알프스 이북 거장들의 작품을 동경하던 외젠의 작품엔 고전적인 모티프와 추상에 가까운 형상들이 함께 휘감겨 있다. 물감을 겹치고 겹쳐 3차원의 덩어리로 만든 특징적인 회화를 멀리서 보면 색의 소용돌이가 보이고, 가까이서 보면 산처럼 겹겹이 쌓인 재료가 보인다. 관점을 꾸준히 바꿔가면서 볼 때 더 많은 것을 발견할 수 있는 매혹적인 작품세계다. 어떤 작품의 캔버스 밑면에는 물감 튜브 마개가 물감 더미에 파묻힌 채 그대로 굳어버렸는데, 키가 작은 어린이만이 알아내는 디테일이라고 한다.

중앙 갤러리에는 《형상과 추상 Figuration et abstraction》이란 새로운 특별전 준비로 한창이었다. 아직 바닥에 놓인 작품들과 빈 받침대들을 보는 것은 언제나 즐겁다. 20세기 이전 회화 작품은 모두 산성도가 낮은 종이로 덮여 직

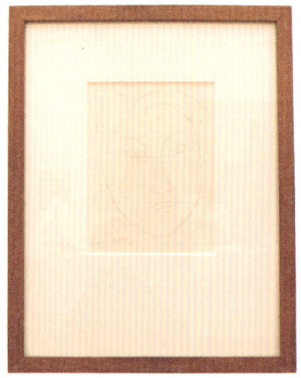

사광선으로부터 보호받고 있다. 이번 전시회는 외부에서 위탁해 온 작품 없이 200점의 뮤바 소장품들로만 이루어졌다. 뮤바의 전시물은 17세기에서 21세기 작품까지 다양한 시대를 총 망라한다. 《형상과 추상》 전에서는 5세기를 넘나드는 컬렉션을 시대순으로 전시하는데, 이는 뮤바에서 나름 파격적인 결정이다. 원래 이곳의 오브제는 테마별로 진열되기 때문이다.

대다수의 서양 미술관은 상설 전시를 선사 시대, 고대, 중세, 근세, 근대, 현대 순으로 분류한다. 시대순 배치에 익숙해진 우리에겐 이것이 그다지 이례적이지 않지만, 뮤바의 상설 전시관은 파격적으로 제작 시기와 표현 기법이 상이한 작품들을 큰 대주제 안에 모아 놓았다. 이를테면 '풍경' 테마를 가진 벽 한쪽에 로마의 폐허를 그린 고전적 이탈리아 작품과 은색 바탕 위에 점 몇 개가 찍혀 있는 20세기 말 작품을 함께 배치한다. 삼 년 전에 이 두 작품이 바로 옆에 있는 걸 봤을 때, 마치 시장에서 어른 손을 놓친 아이처럼 두리번거리기만 했다. 심지어 작가 이름, 제목, 제작 시기 등 아주 최소한의 정보

만 적힌 캡션을 제외하면 왜 이 둘이 옆에 있는지를 밝혀줄 부가 설명마저 없었다.

정제된 자연광이 밝히고 있는 이 갤러리에선 렘브란트와 카미유 끌로델이, 고전과 현대가, 조각과 회화가, 추상과 형상이 부딪힌다. 상반된 개념이 서로의 옆자리에 앉아 상호 보충을 할 때 그 독특한 조합에 관람객은 호기심에라도 이 둘이 무슨 이야기를 나누고 있을지 귀 기울이게 된다. 처음엔 당황스럽지만 시간이 조금 지나면 슬슬 패턴에 익숙해지기 시작하고, 왜 이 작품들이 한데 모여 있는지 스스로 고민하기 시작한다. 고민하다 보면 더욱 집중해서 관찰하게 되고, 곧 내가 얼마나 연대기적이고 고전적인 박물관 구성에 익숙해져 있었는지를 몸소 깨닫는다.

미술은 모든 감각을 열고 직접 몸으로 느낄 때 진정으로 이해할 수 있다. 그런 의미에서 뮤바의 또 다른 강점은 적극적인 예술교육 활동이다. 꾸준히 학급 견학을 받는 것을 제외하고도 방학 기간에 '뮤바 바캉스' 프로그램을 전개해 가족 단위로 쉽게 다양한 미술 기법이나 창작 방법을 배울 수 있게 한다. 여름 방학 동안 이 미술 수업 준비를 하느라 가이드끼리 모여 저녁 늦게까지 재료 준비를 하던 기억이 떠오른다. 코로나19 이전에 어린이와 청소년을 상대로 진행했던 '뮤바 연극' 프로그램에서는 문화 해설자이자 연극배우인 동료가 박물관을 무대 삼아 연기의 기초를 가르치기도 했다. 참가자들은 액자 안에서 작품이 되어보기도 하고, 텅 빈 전시실에서 뛰는 동물이 되기도 한다.

이렇게 다양한 콘텐츠를 제안하고 흥미로운 전시품을 가진 미술관을 뚜르꼬앙 시민이 아니면 존재를 알지 못한다. 뚜르꼬앙의 이웃 도시인 루베의

라 뻬씬이나 프랑스 지방에서 가장 큰 박물관 중 하나인 릴 시립 미술관과 같은 파급력이 없는 것이 안타까울 따름이다. 그래서인지 최근 5년간 이 뮤제는 자신의 상설 전시와 거리가 먼 역사적 주제나 유명작가를 다루는 큰 규모의 특별전을 주최했다. 내가 뮤바에서 일하게 된 것도 파블로 피카소 회고전을 열었을 때였다.

대중에게도 익숙한 소재의 특별전을 열면 확실히 관광객이 몇 배 이상 늘어난다. 그래서 표면적으로 볼 땐 뮤바에게 전적으로 이득일 것처럼 보이지만, 다른 박물관에서 작품을 대여하기 위해 지불하는 보험비에, 필요 시설 설치비, 정치적 로비가 가져오는 반향이나 준비하는 동안 직원들이 받는 스트레스를 생각하면 특별전의 성공이 뮤제의 미래를 보장한다고 보기는 어렵다. 지자체가 계속해서 뮤바의 전시 큐레이션에 압력을 가하고 있는 이 시기에, 입장객은 적을지 몰라도 뮤바의 컬렉션만으로 승부하는 이번 기획

전이 더욱 반갑다.

미술관 밖으로 나와 다시 시청 소광장의 벤치에 앉았다. 앉은 자리에서 아직 불이 들어오지 않은 뮤바의 네온사인이 보인다. 이 작품을 만든 마오리찌오 나누치가 네온 사인을 '빛으로 써 내려간 글'이라 표현했듯, 나는 뮤바가 작품으로 시를 써내려가는 몇 안되는 미술관 중 하나라고 여겼다. 처음 만났을 때 이 미술관은 마치 나에게 그만 머리로 생각하고 눈으로 보라고 말하는 듯했고, 충격적인 기억은 쉽게 잊히지 않고 여운으로 남았다. 임시적이지만 확정적일 수도 있는 여러 문제로 제 몫의 조명을 받지 못하고 있지만, 뮤바는 여전히 복잡한 뚜르꼬앙 시내에서 잠시 숨통을 트이게 해 주는 뮤제로 남아있다.

MUba - Eugène Leroy
2 Rue Paul Doumer
59200 Tourcoing

Focus

프랑스어로 전시물 캡션 읽는 법

캡션 cartel 은 전시물 근처에서 해당 작품에 대한 기본 정보를 명시하는 작은 설명판으로, 작성방법은 뮤제마다 상이하다. 작품 이해에 도움을 주고 의외의 사실을 알게 될 수도 있으니 필요할 때 잘 살펴보는 것도 좋다.

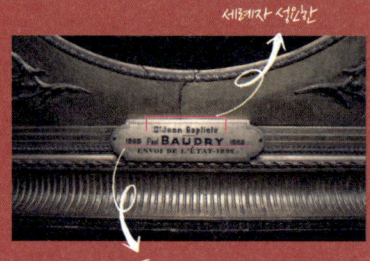

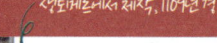

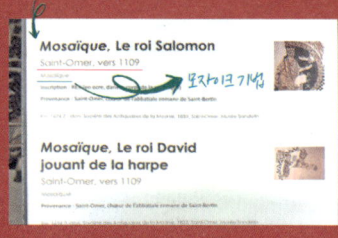

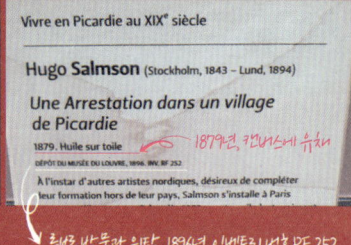

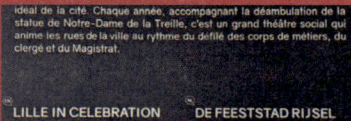

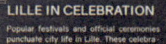

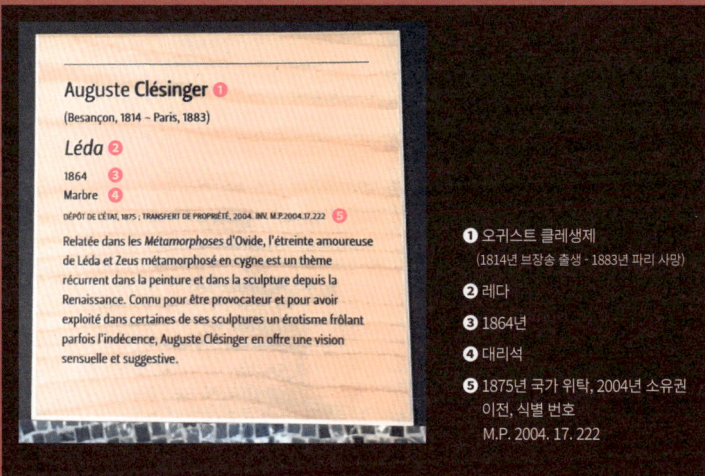

01
작가 혹은 제작자의 이름,
또는 그가 속한 공방

- **Anonyme** : 작가 미상
- **atelier de ...** : ...의 공방
- **école de ...** : ...파
- **Suiveur / élève de...** : ...의 추종자 / 제자
- **D'après** : ...의 원작의 복제해서

02
제목 혹은 오브제의 성질(주로 굵은 서체 표기)

- **A dit / e B** : 통상적으로 B라 불리는 A
- **Sans titre** : 무제

03
제작 시기 혹은 년도

- **Entre A et B** : A년도와 B년도 사이
- **Vers ...** : ...년도 경
- **Avant / après...** : ... 전 / 후

04
제작 기술 및 사용 재료

- **Huile sur toile** : 캔버스에 유채
- **Huile sur bois** : 나무 판자에 유채
- **marbre** : 대리석
- **Bronze** : 청동

05
취득 경로 및 소장처

- **Dépôt** : 위탁
- **Prêt** : 대여
- **Achat** : 구매
- **Coll.(collection) privée** : 개인소장

06
기타 정보

작품 크기, 제작 장소, 작품 식별 번호 등

고전의 찬란함,
그 뒤 왕가의 영광

샹티이의 콩데 미술관

Musée Condé, Chantilly

늦여름이면 항상 떠오르는 사건이 있다. 나는 2009년 여름에 미술사학을 배우기 위해 프랑스 릴에 막 도착했다. 9월에 1학년 1학기가 시작했을 때, 별안간 아직 도시에 적응도 못한 유학생인 내가 근대미술사 시간에 첫 타자로 발표를 하게 돼버렸다. 당시 내 프랑스어 실력이 모자라 발표 주제를 정하는 방식을 이해하지 못해 모두가 기피하는 첫째 주 주제가 나에게 떨어진 웃지 못할 해프닝이었다. 일주일 만에 허겁지겁 장 오귀스트 도미니크 앵그르 Jean - Auguste - Dominique Ingres 의 <물에서 태어난 비너스(1808년~1848년 작)>라는 작품을 설명하는 보고서를 준비했던 것이 대학 생활의 첫 추억이다.

미술사를 배우는 학생이라면 1학년 교과 과정에 소개된 작품은 필수적으로 알아야 한다. 바다 거품에서 방금 태어난 그리스 로마 신화의 미의 여신 아프로디테, 혹은 비너스를 묘사한 앵그르의 그림 역시 프랑스 미술사에서 대단히 중요한 예술품이다. 이 비너스 말고도 미술사학도의 필수 고전을 수도 없이 소장하고 있는 뮤제가 있다. 바로 거품 낸 달콤한 생크림으로 유명한 샹티이 Chantilly 의 콩데 미술관이다. 부끄럽지만 학업을 끝낸 지금까지도 이 뮤제에 아직 가보지 못했으니, 이 기회에 마음을 다잡고 기차표를 끊었다.

샹티이는 행정상으론 오 드 프랑스에 위치하는 도시이지만 파리와 훨씬 더 가까워서, 관람객의 대다수가 파리 지역민이거나 파리를 방문한 관광객들이다. 파리에서 기차로 20분을 달려 도착한 샹티이역 주변은 지나치게 깨끗했고, 도심의 건물은 휴가지 별장처럼 으리으리했다. 내가 사는 곳과는 삶의 방식이 다른 동네임을 직감적으로 느꼈다. 한적한 공원을 가로지르고, 끝도 없이 펼쳐지는 너른 마상 경기장을 넘어서면 드디어 드넓은 샹티이 영지에 도착한다. 영지 내에는 옛 마구간을 개조한 말 박물관도 있고, 넓은 정원과 작은 동물원도 있으나 내 목적지는 해자에 둘러싸인 웅장한 샹티이성이다.

상아색의 벽과 청회색의 지붕이 잘 어우러지는 우아한 파사드가 성 안뜰을 빙 둘러싸고 있다. 안뜰을 지나 드디어 미술관 입구로 들어가자마자 하얀 중앙 로비의 우아함에 압도당한다. 아주 큰 공간이 아님에도 답답함보다는 유동적인 부드러움을 느끼는 것은 높게 위치한 창에서 쏟아지는 햇살 덕분일지도 모른다. 다채로운 색의 대리석이 은은히 빛나고 군데군데 흉상과 실제 크기의 조각상들이 관람객을 맞는다. 로비에서 펼쳐지는 세 갈래의 길 중에서 이 성의 가장 오래된 부분이며 가장 '궁전'다운 면모를 보여주는 쁘띠 샤또 (Petit château, 작은 성)로 입장했다.

쁘띠 샤또 입구에 위치한 대기실엔 마치 성주의 가족과 손님들이 곧바로 앉아 식사할 것처럼 긴 식탁이 준비되어 있다. 그 위에 배치된 그릇과 식기에 금색으로 표시된 알파벳 B와 C는 프랑스 부르봉 왕가의 방계 왕족인 부르봉 콩데 Bourbon - Condé 가문의 머리글자이다. 이 박물관 이름의 '콩데'가 여기서 유래했다. 샹티이는 17세기 중반부터 이 왕족의 영지였고, 이 쁘띠 샤또

역시 17세기 말부터 조성된 영주들의 처소이다.

프랑스 왕가와 직결된 가문답게 쁘띠 샤또의 내부도 우리가 교과서에서 프랑스 절대왕정을 배울 때 보던 태양왕 루이 14세의 베르사유 궁전과 매우 흡사하다. 특히 그의 사촌인 루이 2세 대공이 전쟁에서 세운 공로를 벽화로 담아낸 '전투의 방'은 베르사유의 '거울의 방' 변주처럼 보일 정도다. 17세기 말에 대공이 베르사유 궁전의 건축가인 쥘 아르두앵 망사르 Jules Hardouin-Mansart 에게 샹티이성의 개조와 증축을 맡기며 왕궁과 비슷해진 것이다.

쁘띠 샤또의 복도를 쭈욱 걷다가 한 젊은이의 초상화를 봤다. 까만 제복을 입고 금발을 단정히 정리한 청년은 오말 Aumale (노르망디의 도시)의 공작이자 오를레앙 가문의 왕자, 그리고 샹티이성의 마지막 지배자인 오를레앙의 앙리(1822~1897)이다. 프랑스 왕정복고 시대의 왕이었던 루이 필립 1세의 다섯째 아들인 그는 1830년에 겨우 여덟 살의 나이로 삼촌이자 대부인 루이 4세 공작의 유산을 상속받으며 그의 영토였던 샹티이의 영주가 됐다.

어린 나이에 이미 부유한 상속자가 된 왕자의 정치 데뷔 무대는 알제리 침공이었다. 옛 수비대의 방에는 그가 1843년에 알제리를 침공하여 가져온 전리품이 전시되어 있다. 그중에서도 알제리의 저항군을 이끌던 아브델카데르 عبد القادر بن محي الدين 태수의 소유였던 무기 몇 점을 보며 등골이 싸해졌다. 바로 왼편의 장식장엔 프랑스 혁명 당시 혁명군을 무찌르던 콩데 가의 군기를 마주놓았다. 두 가문의 군사적 승리를 과시하는 이 찬양 장치는 곧 18세기 혁명 탄압과 19세기 식민 통치로 이어지는 무력 침략의 잔해이다.

침공 이후 알제리 총독으로 임명된 앙리에게 장밋빛 미래가 펼쳐질 것만 같았으나 1848년에 2월 혁명*으로 인해 프랑스는 다시 공화국이 되고, 폐위당

---

* 프랑스 2월 혁명은 1848년 2월 22일에서 24일에 걸쳐 일어난 '1848년 혁명'의 한 흐름이다. 이 사건으로 루이 필립의 7월 왕정이 해체되고 루이 나폴레옹 보나파르트를 중심으로 프랑스 제2공화국이 성립하였다. 1852년 12월 2일에 루이 나폴레옹 보나파르트가 황제로 즉위하며 제 2 공화국은 막을 내린다.

한 루이 - 필립 1세와 그의 가족들은 망명길에 오르게 된다. 23년간의 망명 중에 앙리는 영국 런던 외곽의 템스강이 보이는 고성에 살며 고액을 들여 만 이천 권이 넘는 고서를 비롯해 회화, 데생과 귀중품을 수집했다. 덕분에 앙리는 프랑스 19세기의 가장 놀라운 수집가의 명성을 얻고, 이 당시에 모은 작품들이 훗날 꽁데 박물관의 기초가 된다.

1871년에 프랑스로 돌아온 공작은 대부의 유산인 샹티이성에 머물기로 했다. 하지만 되찾은 영지의 '그랑 샤또 (Grand château, 큰 성)'는 완전히 허물어졌고, 프랑스 혁명 시기에 감옥으로 사용되던 쁘띠 샤또의 내부는 텅 비어 있었다. 그래서 앙리는 옛 성의 기반 위에 새로운 성을 건설하기로 결심한다. 1875년과 1880년 사이에 건축가 오노레 도메 Honoré Daumet의 청사진을 토대로 그랑 샤또가 재탄생했고, 쁘띠 샤또 역시 앙리가 사들인 가구와 예술품들로 다시 채워졌다.

귀환한 후에도 앙리는 개인 소장품의 규모를 끝없이 늘렸고, 영지에서 벌어들이는 돈은 곧장 전시품 유지비로 사용됐다. 이렇듯 앙리는 자신의 새로운 전시실에 크게 공을 들였다. 그중에서도 가장 아름다운 방은 단연 쁘띠 샤또 입구 옆에 위치한 서재일 것이다. 2층 높이의 천장까지 이어지는 높은 책장에 빼곡히 채워진 고서는 박물관의 소장품 중에서 가장 큰 비중을 차지한다. 청소년기부터 애서가로 유명하던 오말의 공작은 추방당한 시절부터 육만 권의 채식필사본과 인쇄본을 입수했고, 그 중에서 만구천 권만이 이 서재에 진열돼 있다.

프랑스에서 국립 도서관 다음으로 고서를 많이 소유하고 있는 샹티이성 서재에선 직사광선에 취약한 양피지와 종이를 보호하기 위해 낮은 조도를 유지하고 있다. 아늑하게 나무로 짜인 벽과 책장은 기분 좋은 정도의 긴장감이 도는 이 장소에 비밀스러운 분위기를 더한다. 앙리가 이곳에서 많은 시간을 보낸 이유를 알 것 같다. 판타지 영화에 나올 것 같은 곳에 가만히 서 있다가 문득 이 몇천 권의 책 중에서 앙리가 정말로 읽은 것은 몇 권 정도 될까 궁금해졌다.

다시 중앙 로비로 돌아왔으면 이제 본격적으로 '미술관' 탐방을 할 차례다. 19세

기에 앙리의 주문으로 재구성된 그랑 샤또에서 프랑스가 자랑하는 '회화의 갤러리'를 찾을 수 있다. 천장의 우윳빛 유리창에 여과되어 은은한 빛이 대리석 기둥들과 수많은 걸작을 부드럽게 비춘다. 긴 복도형 갤러리 끝을 장식하는 붉은 대리석 원형 회랑이 자칫 딱딱하게 보일 수 있는 공간을 단번에 고대 로마의 정원으로 탈바꿈한다. 보티첼리, 라파엘로, 니콜라 푸생, 앙투안 와토, 앵그르와 외젠 들라크루아… 이탈리아와 프랑스를 대표하는 화가들의 작품을 중심으로 '1학년 필수 예술품'이 여기 대거 모여있었다.

와인색의 붉은 벽은 상당한 높이에도 불구하고 층층이 걸린 작품들로 거의 보이지 않는다. 액자와 액자가 거의 맞닿을 정도로 빼곡하게 배치하는 것은 전형적인 19세기의 박물관 전시 방식이다. 수장고가 오늘날처럼 발달하지 않았던 시기엔 최대한 작품을 전시해야만 했고, 한자리에서 많은 정보를 제공하는 것이 정석이었다. 현대 미술관에서는 벽 한 면에 작품을 일렬로 전시해 위아래로 큰 여백을 두고 관람객에게 정보가 과다하게 가는 것을 피하는 것이 보편적이다. 이렇듯 콩데 미술관이 현대의 뮤제에서 보기 힘든 고전적인 박물관학을 고집하는 이유는 오말 공작의 말년과 관련이 있다.

그에겐 아들 둘이 있었지만 모두 요절했기에, 후계자를 모두 잃은 공작은

1884년 자신이 회원으로 몸담고 있던 프랑스 학술원 Institut de France **에 자신의 성과 소장품 전체를 기부하기로 했다. 다만 절대 자신이 완성한 작품 배치를 바꾸지 말 것과 소장품이 성안에서만 전시될 것을 당부했다. 학술원이 이 유언을 지금도 철저히 지키고 있는 덕에 우리가 지금 보고 있는 이 벽은 콩데 미술관이 처음 문을 열었을 때 관람객이 봤던 벽과 거의 동일하다. 엄격한 전시 조건 탓에 콩데 박물관의 소장품을 다른 곳에 대여하는 것은 불가능하지만, 반대로 콩데 박물관은 다른 시설의 작품을 전시할 수 있다. 더불어 외부로 작품 반출이 불가하니 복원과 유지 작업도 영지 내에서만 진행해야 한다.

회화 갤러리의 원형 회랑 앞에 서서 오른편으로 가면 부드러운 햇빛에 잠긴 갈색 복도가 나오고, 그 왼편에 사람을 빨아들이는 공간이 하나 숨겨져 있다. 다각형의 벽을 둘러싼 무거운 진녹색 벨벳 휘장이 주변의 모든 소리를 차단하고, 우리의 신경은 모두 이 작은 공간에 걸린 세 작품에 집중하기 위해 곤두선다. 이탈리아어로 성소를 뜻하는 '산투아리오 Santuario'라는 이름에 걸맞게 전시실엔 성스러운 정적이 감돈다. 작은 전시 공간에 최소 작품을 배치해 집중도를 끌어올린 상당히 현대적인 전시실이다.

산투아리오 안의 세 작품 중에서도 라파엘로의 <삼미신 三美神 (1503년~1505년 경)>이 먼저 눈에 확 들어왔다. 나신에 보석을 걸치고 춤을 추는 환희와 풍요, 광휘를 의인화한 그림인데, 실제로 보니 한 손에 가려질 정도로 작았다.

** 프랑스 학술원 Institut de France : 1795년에 설립된 국립 아카데미 기관으로, 프랑스어의 표준화를 목표로 하는 아카데미 프랑세즈, 금석문·문예 아카데미, 과학 아카데미, 예술 아카데미, 윤리정치학 아카데미로 구성된다.

아무래도 책 표지나 교과서에도 자주 등장하는 유명작이라 막연히 클 것으로 기대했나 보다. 이렇게 규모가 작은데도 완성도가 높다면 개인이 장기간 이동 시 소장하기 위해 주문 제작한 접이식 제단화의 일부일 가능성이 높다. 다른 벽에 걸린 나머지 두 작품 역시 알프스 이북 중세 후기와 이탈리아 르네상스 초반을 함축하는 걸작들이다.

고전 예술에 해박했던 앙리는 프랑수아 1세부터 피어난 '프랑스 르네상스 양식'도 몹시 사랑했다. 프랑수아 1세는 프랑스의 왕권을 강화한 핵심 인물로, 이탈리아반도에서 피어나는 문화부흥을 동경해 레오나르도 다 빈치같은 이탈리아 출신 작가들을 직접 궁에 초청하며 프랑스 내의 예술사조를 이끄는데 이바지했다. 프랑수아 1세의 야망은 스스로 뛰어난 예술가와 지식인의 강력한 후원자가 되어 프랑스를 문화 중심지로 만드는 것이었다. 이 시기에 활동한 장과 프랑수아 클루에 Jean et François Clouet 는 아버지와 아들이 모두 프랑수아 1세를 모신 초상화 거장들이다.

클루에 부자와 그의 후계자들이 제작한 90개의 작은 초상화들로 가득 찬 '클루에의 방'이 앙리의 프랑스 르네상스에 대한 집착에 가까운 열정을 잘 보여준다. 클루에 부자는 이전에 흔히 '얼짱 각도'라 불렀던 45도로 틀어진 상체를 세밀하고 현실감 있게 그려내며 '프랑스식 초상화'를 정형화시켰다. 이 프랑스식 초상화는 모델의 성격까지 짐작할 수 있을 정도로 생생한 것이 특징이다. 마침 뒤의 관람객 셋이 초상화 주인의 성품을 상상하고 있었다. '친한 사람 뒤통수칠 거 같아.', '귀족 치곤 궁상맞은 얼굴인데!' 높으신 분들을 향해 던지는 가차없는 품평에 하마터면 소리내 웃을 뻔했다.

하지만 성주의 고전적인 취향을 더 극단적으로 드러내는 장소은 단연 이탈리아 우피치 박물관의 '트리부나' 전시실에서 영감을 받아 개조된 '트리뷴의 방 salle de la Tribune'이다. 이 다각형 전시실의 강렬한 붉은 벽도 예외 없이 수많은 액자에 가려져 있다. 캔버스와 액자들이 만든 망망대해 한가운데 몇 년간 거의 잊고 살았던 작품이 나를 불러 세웠다. 도자기 인형처럼 완벽한 피부와 사람을 매혹하는 태도, 미소를 지으며 바다를 걸어오는 여신. 앵그르의 <물에서 태어난 비너스>가 바로 거기에 있었다.

처음으로 직접 마주한 이 회화를 자세히 들여다보니 2차원의 캔버스에서 선이 사라지고, 세밀한 붓질에 모든 형태가 3차원의 둥근 면이 되어 있었다. 앵그르가 1855년 만국 박람회에 이 '비너스'를 제출한 이후로 얼마나 많은 동시대의 비너스들이 몸의 곡선을 부각하기 위해 불편한 자세로 바다 앞에서 머리 손질을 하게 됐던가! 확실히 내가 좋아하는 회화 양식은 아니지만 그래도 12년 만에 다시 만나니 시련을 함께 나눈 동료를 본 듯 반갑다.

12년 전, 이 비너스 때문에 한 주 동안 이해도 안 가는 책 몇 권을 가져다 읽고, 번역기에 의지해 보고서를 썼다. 어설픈 과제 결과물이었지만, 도망치지 않고 발표를 끝낸 내게 교수님은 나름 후한 점수를 주셨다. 학생 시절의 잊을 수 없는 따뜻한 추억을 상기시킬 장소인데도 12년 동안 나는 이 뮤제를 찾길 망설였다. 처음엔 그저 가기 어렵고 입장료가 비싸다는 대학생다운 이유였다. 그러나 몇 년의 망설임은 거리감을 만들었고, 이 거리감은 뮤제를 방문하고 있는 이 순간에도 사라지지 않는다. 나는 왜 두말 할 것도 없이 뛰어난 명작들을 눈앞에 두고도 온전히 황홀함에 빠질 수 없을까?

박물관을 떠나기 전에 앙리의 개인 기도실을 들렀다. 천장과 벽에는 성주의 머리글자와 프랑스 왕가의 문장인 백합 세 송이가 규칙적으로 찍혀 있었다. 콩데 미술관 어디를 가도 왕실의 흔적에서 벗어날 수 없다. 나를 둘러싼 성 안의 소소한 장식과 웅장한 작품이 몇 차례 혁명으로 잃어버린 왕국의 영광을 울부짖는 듯했다. 콩데 미술관이 처음으로 대중에게 문을 열었을 때, 추방의 불명예는 앙리가 어릴 적부터 우러러보던 고전 작품의 우아함으로 회복된 셈이다.

1898년 4월 17일 개관 당일 입장료는 무료였고, 첫해에만 백만 명이 옛 콩데 가문의 성을 찾았다. 지금까지도 콩데 미술관은 루브르 박물관 다음으로 고전 예술품을 가장 많이 소장하고 있는 박물관으로 알려져 있는데, 지금보다 대형 박물관이 적던 그 시절에는 정말로 엄청난 사건이었으리라. 거대한 서재와 왕들의 초상화 사이에서 그 시절 관람객들은 무엇을 봤을까? 공화국부터 황제정까지 쉴 틈 없이 바뀌는 체제, 커지는 반 유태인주의, 절정으로 치닫는 공업화와 가혹한 노동 환경으로 불안에 떠는 노동자들 …. 격변의 19세기 말 혼란스러움을 견디던 프랑스인에게는 혹시 샹티이성이 과거 향수를 안겨주는 휴식처였을까?

오후 내내 이 장소를 어려워하는 내 모습을 보았다. 발 닿는 곳마다 왕자로서의 앙리, 수집가로서의 앙리, 프랑스로 다시 돌아와 정계에 복귀해서 생을 마감한 앙리의 삶과 미련이 스며들어 있다. 프랑스 학술원이 '미술관'이라고 이름 붙인 그의 인생 한 조각을 다 맛보고 나니, 나와 그가 눈앞의 명작을 보며 그리워하는 대상이 아주 다르다는 것을 알게 됐다. 만약 내가 앙리의 시대에 태어나 그와 고전 예술을 향한 대화를 나눠본다고 해도, 우리의 논점은 막다른 골목에서 부딪힐 것이다.

12년 전의 나는 과제 제출이 가장 큰 걱정이었던 유학생이었다. 아마 그 시절에 이곳에 왔다면 프랑스 마지막 왕자가 보여주는 호의를 온전히 받아들이며 기뻐했을지도 모른다. 멜랑콜리한 생각을 옆에 밀어놓고 보면 샹티이 성을 포함한 모든 영지가 문화적이고 교육적인 내용에 약간의 오락성까지 가미한 다채로운 프로그램을 관람객들에게 제시하는 뛰어난 문화유산이다. 하지만 크기를 가늠할 수 없는 21세기의 또 다른 격변을 사는 오늘의 나에게 이 아름다운 성은 '익숙한 것이 많이 모여있지만, 어색한 장소'로 기억될 것 같다.

Musée Condé
Route Pavée
60500 Chantilly

오래된 유리의 색에
물들어

08

사르 포트리의 뮤즈베르

MusVerre, Sars - Poterie

물건을 볼 때 유독 눈에 밟히는 재료가 있는가? 나는 색유리로 만들어진 꽃병이나 장식품을 보면 황홀경에 빠진다. 어렸을 적에 본 만화 영화 〈노트르담의 꼽추〉에서 주인공 콰지모도는 자기가 사는 종탑 꼭대기 층을 부서진 스테인드글라스 조각으로 장식했다. 그 장면 외엔 모든 것이 못마땅했지만, 내가 사방으로 색색의 빛을 내뿜으며 반짝이는 유리를 좋아한다는 것을 깨닫게 해 준 영화였다.

부서지기 쉽지만 썩거나 녹슬지 않으며, 투명하거나 불투명하기도 한 유리. 언제나 빛을 고려해서 만들고 다뤄야 한다는 점은 이 재료를 더욱 매력적으로 만든다. 까다로운 공정으로 인해 소규모 공장에서 나오는 수제품은 아주 희귀해졌다는 사실도 수공예 유리 제품을 향한 나의 동경에 힘을 실어 준다. 뮤제들이 다시 문을 열고 한창 바빠진 때에 수작업으로 탄생한 유리 제품을 보기 위해 기차표를 샀다.

기차가 숲이 많고 자연경관이 뛰어난 노르 도(道)의 최남단을 지난다. 총 인구가 1,500명이 못 되는(2018년 기준) 작은 사르 포트리 Sars - Poteries 라는 마을이 오늘의 목적지이다. 자연공원에 둘러싸인 이 마을까지 가는 교통편은 매우 좋지 않다. 기차로 가장 가까운 도시까지 이동한 후, 그곳에 사는 친구가 사르 포트리까지 승용차로 데려다 주었다.

이렇게 고생을 해서 도착한 마을의 초입에서 기묘한 것을 발견했다. 몇몇 집의 지붕이 비구름 사이 햇빛에 반짝이고 있었다. 프랑스 전역에서 옛 건물 지붕에 나무 골조의 방수성을 높이기 위해 이삭 모양 장식 épi de faîtage 을 올리는 것을 볼 수 있다. 꽃이나 동물 혹은 기하학적 모양을 한, 우리 건축으로 치면 처마 위 장식 기와인 셈이다. 보통 납이나 동처럼 단단한 재료로 만드는 이삭 장식이 이곳에선 비가 오고 바람이 불면 깨지기 쉬운 유리공으로 제작된 것이 아닌가! 그 많은 재료 중에 하필 유리를 선택한 이유를 오늘 만날 뮤제의 역사 속에서 찾을 수 있다.

'도기 제조업 poterie '이란 단어가 들어가는 마을의 이름에서 알 수 있듯, 19세기 이전까지 사르 포트리의 주 생산물은 도자기였다. 토양에 규토와 점토가 풍부하고, 주변에 숲이 많아 가마를 데울 땔감을 쉽게 구할 수 있었기 때문이다. 이러한 자연 조건, 특히 흙에 유리 주재료인 규토가 많다는 장점 덕에 1802년 처음으로 창문과 유리 식기를 만드는 유리 제조공장이 세워졌다. 1869년에는 유리병을 제작하는 두 번째 공장도 가동되며 사르 포트리는 중요한 유리 제조 도시로 떠올랐다.

하지만 1930년대 유럽 전역에 닥친 심각한 경제공황에 유리 수공업이 덩달아 쇠약해지자 결국 마을에 있던 두 유리 공장 모두 1937년에 문을 닫게 됐다. 20년 후에 깡브레 지역 Cambrésis 출신의 루이 메리오 Louis Mériaux 가 사르 포트리 주임 신부로 부임했다. 이 마을을 전혀 모르던 그는 주민과 소통하다 이곳에 한 세기를 넘는 유리 제조업 역사가 있었음을 알게 됐다. 1967년에 마을 주민 집에 잠들어 있는 수제 유리 제품을 모아 특별 전시를 연 것이 지

앵베르 저택

역민들에게 호평을 받았고, 곧 옛 유리 공장장 사택이었던 앵베르 저택에 '유리 박물관'을 개관했다.

앵베르 저택은 현재 닫혀있어 관람할 수 없지만 대신 5분 정도 떨어진 마을 외곽에 이 책에서 잘 등장하지 않는 신식 건물이 우릴 반긴다. 잘 가꿔진 정원 옆으로 수평으로 긴 통유리 창이 돋보이는 이 건축물의 외부는 벨기에에서만 채석 가능한 푸른 돌로 만들어졌다. 이 현대적 건물이 2016년 마을 외곽으로 터를 옮겨 재탄생한 새 유리 박물관이다. 노르 도립 박물관으로 지정된 후, 평범한 이름 대신 Musée(박물관), du verre(유리의) 두 단어를 줄여 뮤즈베르 MusVerre 란 짧고 강렬한 이름이 탄생했다.

넓고 쾌적한 내부로 들어가니 작은 유리 이삭 장식과 다른 수공예 제품을 판매하는 상점이 있고, 계단을 오르면 나오는 첫 전시관에선 19세기부터 생산하던 이 마을의 유리 제품을 소개한다. 어두운 전시실을 밝히는 세련된 조명이 유리병이나 물잔을 비추고 있다. 물론 이렇게만 얘기한다면 옛날 시골집에 하나씩 다 있을 법한 골동품을 보러 갔나 싶을지도 모른다. 하지만 뮤즈베르에는 다른 곳에서는 볼 수 없는 희귀한 소장품이 있다.

오래전 사르 포트리의 장인들은 쉬는 시간이면 공장장의 허가를 받고 공장의 도구와 재료를 자유롭게 다룰 수 있었다. 개인의 역량을 키우기 위해 만들어지는 판매 불가한 개인적 공예품을 '부지예(bousillés, 망가진 것)'라 부른다. 부지예는 일상생활에 필요한 물건부터 신앙심을 표출하기 위한 작품까지 아주 다양하다. 1960년대부터 이어진 주민의 기증으로 오늘날 삼천 여 점이 이곳에 보존되어 있고, 이제는 뮤즈베르 상설전시의 정체성처럼 자리 잡았다.

판매 목적이 아니라 자기만족이나 선물용으로 만든 부지예는 일반 카탈로그에서는 볼 수 없는 독특한 디자인과 장인의 기교, 그리고 창작의 기쁨을 여과 없이 보여 준다. 그 중에서도 관람객의 눈길을 단번에 사로잡는 부지예는 높이 1m의 큰 남포등이다. 총 18개의 부품을 끼워 맞춰 완성한 이 수작은 현재도 작동시킬 수 있을 정도로 세밀하고 견고하다. 마치 장인정신의 끝을 보여 주려는 듯 형취법(원통형의 금속 쇠파이프 끝에 녹은 유리를 붙여 입으로 불어 모양을 만드는 방법), 그라인딩, 음각 넣기 등 제작에 다양한 기술을 사용했다. 선명하고 다양한 색, 투명 유리와 불투명 유리의 조화에 감탄이 절로 나온다.

과하리만큼 웅장한 이 남포등은 공장장의 후계자 앙리 앵베르의 결혼 선물이다. 첫 번째 유리 박물관이 된 앵베르 저택의 소유자인 앵베르 가문은 사르 포트리의 19세기 중반부터 마지막 유리 공장을 폐쇄한 20세기 초반까지

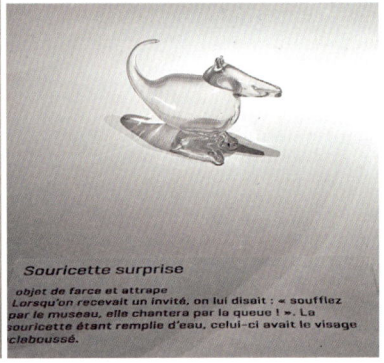

Souricette surprise

삼대가 공장장이었다. 이 가문은 800명 직원의 안정적인 작업 환경을 만들기 위해 학교와 보육원을 세우고 식량이 부족할 때에는 무료로 빵을 배급하는 등 마을 복지에 상당한 투자를 했다. 상사 아들의 결혼을 축하하기 위해 세 명의 장인이 개인 시간을 쪼개가며 선물을 제작할 정도라면 앵베르 가문과 직원들과의 사이가 나쁘지 않았나 보다.

조금 더 안으로 들어가면 유럽권에선 교육의 상징물처럼 여겨지는 잉크병 여러 개가 모여있다. 하지만 이 잉크병은 병이란 이름이 무색하게 안이 비어 있지도 않고 뚜껑을 열 수도 없는 장식품이다. 프랑스에선 20세기 초까지도 13살 미만 어린이들의 노동이 완벽히 금지되지 않았다. 유리 공장에선 대여섯 살의 어린 나이부터 시작해 유리공의 허드렛일을 돕

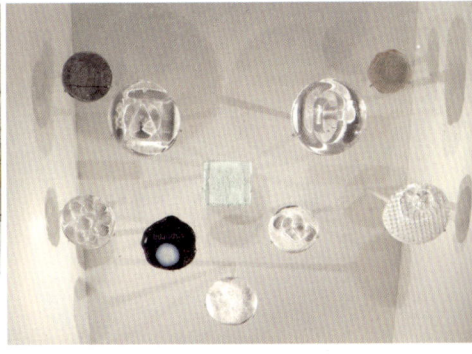

는 아동을 '갸맹gamin'이라고 불렀다. 갸맹들은 하루 예닐곱 시간을 일하고 나서 해가 질 즈음 학교에 갈 수 있었는데, 글을 제대로 배우지 못하거나 학업을 충분히 마치지 못하고 유리공이 된 어린이들이 잉크병을 써 보지 못한 한을 풀고자 이런 잉크병을 만들고 '설욕의 잉크병'이란 이름을 붙였다고 한다. 설욕의 잉크병은 이곳 유리 공장에서만 볼 수 있는 독특한 물건이다.

전시실의 두 번째 테마는 우리가 마을에서 본 이삭 지붕 장식이다. 유리 제조업이 마을의 주 경제 활동이었을 시절에 마을은 자긍심을 표현하고자 지붕에 유리구를 장식하기 시작했고 곧 유리 이삭 장식은 전통이 되었다. 하지만 쓰이는 유리가 1cm 이하로 얇아 깨질 위험이 높다는 것이 흠이었다. 장대 위에서 영롱히 빛나는 장식들은 1999년에 1~1.5cm 두께로 새로 생산된, 이전보다 더욱 견고한 이삭 장식이다.

전통을 되살리려는 목적으로 뮤즈베르가 유리 이삭 장식의 제작과 배포를

맡고 있다. 사르 포트리 주민만을 상대로 1년에 50개를 무료로 배포한다. 신청자는 유리의 색을 선택할 수 있고, 유리공을 소중히 관리하겠다는 서약서도 써야 한다. 현재 유리 이삭 장식은 프랑스에 200개 정도 분포돼 있고, 대부분이 사르 포트리와 그 주변에서 발견된다. 나는 여기 주민이 아니지만 그래도 이 장식을 사서 올릴 만한 지붕을 마련해야겠다는 욕심이 생긴다.

이 모든 현란한 유리 제품은 한 세기 전 사르 포트리의 명성을 대변하지만, 뮤즈베르 역사는 과거에만 머무르지 않는다. 마을의 유리 공업 역사에 관심을 가지던 메리오 신부가 1976년 오래된 광을 유리 공방으로 개조했고, 10년 후에 그 공방에서 예술가들을 위해 여름방학 동안 유리 공예 기술을 배울 수 있는 강좌를 열었다. 1994년부터는 이 여름 수업이 레지던시가 되어, 현재도 2년에 한 번 각국 예술가들이 이 동네를 찾고 있다. 2층 전시실의 마지막 관은 1990년대에 레지던시에 참여한 다양한 국적의 예술가와 그 작품을 다룬다.

유리를 소재로 한 작품 활동에 있어서는 각 나라마다 작업 방식이나 예술적 사고의 차이가 확연하다. 이를테면 프랑스는 이전의 전통적인 유리공예 영향을 크게 받아 꽃병, 거울 등 장식적이고 고전적인 사물을 만드는 반면, 동유럽 국가는 더욱 과학적이고 현대적인 접근을 위해 광학렌즈를 주로 사용해 추상적이고 기하학적인 창작물을 만든다. 1960년대 북미에서는 소규모 공방에서 유리 장인이 아닌 예술가가 순수예술 작업을 위해 유리를 매개체로 사용하는 '스튜디오 글래스' 사조가 발생한다. 이와 관련된 작가들은 과감한 색감과 유동적인 모양의 추상 예술을 중시한다. 유리를 순수예술 원료로 여기기 시작한 것이 생각보다 최근의 일이라는 것에 놀랐다.

2층의 상설전시전을 나와 계단으로 내려오면 1층 현대작품 상설전시관과 기획전시관으로 갈 수 있다. 천장이 다른 곳보다 두 배가 높은 현대작품 전시관의 통유리 창을 통해 들어온 자연광이 유리의 투명함을 가장 아름답게 표현하고 있다. 투명한 유리, 모래처럼 까슬한 유리, 두꺼운 통유리, 종이처럼 얇은 유리 등 다양한 타입의 재료로 완성한 사회적 메시지의 표출과 추상적인 연구의 산물이 탁트인 공간에 시원시원하게 줄을 서 전시 되어 있었다.

전시실 뒤쪽으로 네 개의 서로 다른 테마가 있는 알코브(벽을 움푹 파내서 침실처럼 쓰는 공간)가 보인다. 가장 유명한 작품은 두 번째 알코브를 육중하게 지배하는 미국 작가 카렌 라몬테 Karen LaMonte 의 <여성적 성찰>이다. 작가는 정체성을 감추거나 성격을 드러내기도 하는 옷이란 이중적인 소재로 사회적 관계에 대한 고찰을 표출한다. 마치 그리스 - 로마 환조처럼 고전적인 이 작품

156

은 모델의 몸을 본뜬 후, 밀랍으로 제작된 옷 주름 틀 안에 유리 규토를 넣어 가마에서 구웠다. 전체를 네 부분으로 나눠 조합했을 정도로 거대해서 각 부분을 모두 본뜨는데 아홉 달이 걸렸고, 오븐에 굽는데 석 달이 걸렸다고 한다.

박물관에서 나와 뒤편으로 가면 다른 박물관에선 보기 힘든 큰 공방으로 갈 수 있다. 나무와 유리로 된 수더분한 문을 열면 각종 기계로 가득한 큰 중앙 홀과 서너 개의 작은 방이 나타난다. 공방엔 파트 드 베르 pâte de verre (유리가루를 녹인 후 가공하는 기법) 제작용 가마, 퓨징 fusing 용 가마부터 크리스탈 공방까지 다양한 시설이 있다. 우리가 간 날에는 마침 일반인을 위한 파트 드 베르 제작 수업이 진행 중이었다. 뮤즈베르 전속 유리공 팀은 레지던시에 참여하는 작

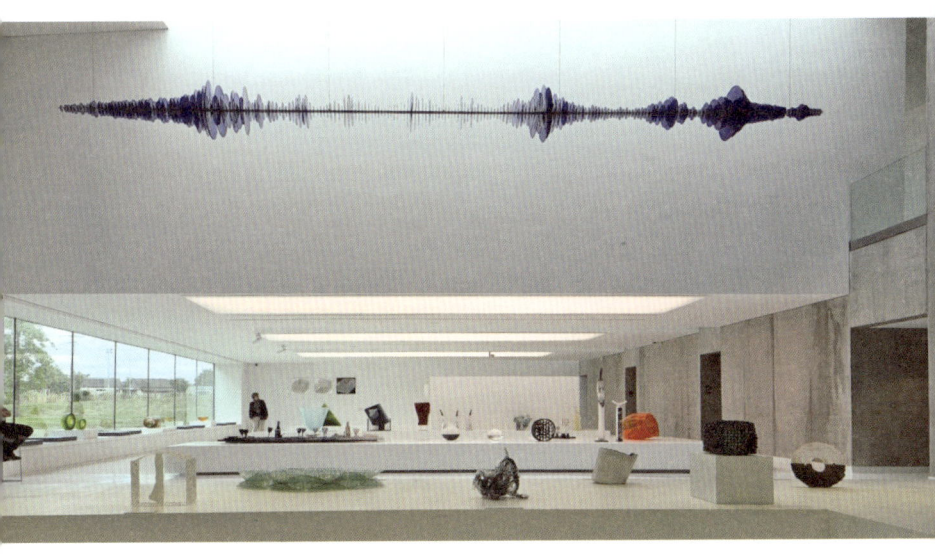

가들의 창작에 관여하고 협업하여, 유리로 작업하고 싶지만 기술이 없는 아티스트들도 적극적으로 유리예술에 참가할 수 있게 돕는다.

오후 1시 반, 장비를 챙겨 동행해 준 친구와 박물관을 나선다. 차창 밖으로 멀어지는 사르 포트리는 뮤즈베르가 아니었다면 평생 올 일이 없었을 동네다. 유리공장이 문을 닫은 지금, 모두에게 조용히 잊혀질 수도 있었던 작은 마을에 한 외지인의 열정으로 작은 박물관이 생기고 국제 심포지엄이 열렸다. 오늘도 뮤즈베르엔 전 세계 유리 예술가가 모이고 공방에선 수업이 이어지고 있다. 이전의 불씨를 찾지 못할거라 여기던 전통이 우리의 현실로 다시 돌아올 때, 현대 사회에서 잊혀진 사람들 역시 새롭게 자리를 찾는다. 습기찬 기차에서 문득 사르 포트리 주민이 이 박물관을 어떻게 받아들일지, 어떤 감정으로 이 박물관에 들를지가 궁금해졌다. 너무나 조용한 마을의 투박한 벽돌집 사이에서 세련된 뮤즈베르는 홀로 이질적이다. 마을 사람들은 이 뮤제가 주요 수입원을 잃은 동네에 활력을 불러왔다고 생각할까? 박물관을 나선 관람객들이 마을을 들러 소비하는 비율이 얼마나 될까? 대답을 듣지 못한 질문들 사이로 지붕 위의 유리공이 속삭이는 것이 들린다. 작고 조용함 반짝임이 마치 뮤즈베르는 팔십 년 전의 기억을 간직하고 있는 보석함이라고 대답하는 듯했다. 부서지기 쉬운 빛과 색을 지키기 위해서는 많은 이의 진심이 필요하기에, 시간을 머금은 유리는 한 마을의 역사만큼 아름답다.

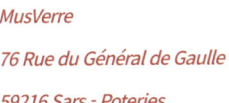

MusVerre

76 Rue du Général de Gaulle

59216 Sars - Poteries

조용히 과거를 치유하는 뮤제

09

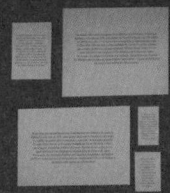

아주 작은 추억에 이끌려 기차를 타 본 적이 있는가? 아직 내가 대학생이었을 때. 친구와 함께 릴에서 멀지 않은 바이욀이란 도시에 들린 적이 있다. 그때는 공포게임 '사일런트 힐' 마냥 길에 자욱하게 낀 안개 탓에 박물관만 들르고 도시 구경은 하지도 못했다. 하지만 작은 뮤제 하나가, 그 뮤제의 벽 한 켠이 나에게 큰 인상을 남겼다. 그날 느꼈던 감정을 몇 년이 지난 지금 다시 되찾을 수 있을까? 막연한 기대감을 안고 지역철에 올라 바이욀 역으로 향한다.

안개가 걷힌 날에 다시 찾은 바이욀은 다른 도시 같다. 쨍한 햇살이 시내의 건물과 나무의 색을 선명히 반사한다. 벽돌의 붉은 색이 지배하는 도심으로 들어갈수록 이 지역에서 '참새걸음 박공널'이라 부르는 계단형식의 박공널도 보이고, 벨기에에서 공수해온 푸른 빛의 석재도 보인다. 오스피스 꽁떼스 박물관에서도 얘기했던 17세기의 플랑드르 르네상스식 건물이 온 도시를 차지하고 있다. 하지만 4세기를 넘긴 도심이라기엔 다른 도시의 구도심처럼 기울어진 집도 없고, 모두 너무 깔끔하고 새 것 같은 게 이상했다.

20세기 초반까지 바이욀은 공장주들 사택이 곳곳에 들어선 19세기 스타일의 도심을 지니고 있었다. 하지만 1914년 발발한 제1차 세계대전에서 프랑스 북부 지방 전체가 독일군에게 점령당하고 폭격 피해를 입으며 도시의 모습도 급격히 달라지게 된다. 전선 가까이 위치한 바이욀도 1918년 폭격으로 중심부 건물의 80%를 잃는 비극을 맞는다. 전후에 도시 재건에 대해 논의할 때, 이전과 동일한 상태로 복구시킬 것인지 아니면 아예 신축할 것인지가 화두에 올랐다.

놀랍게도 많은 시민이 폭격 전 모습이나 현대적 방식이 아닌, 지역 특색을 더욱 강조할 수 있는 '플랑드르 스타일'로 도시를 재건하길 원했다. 오늘 도심을 채운 이 벽돌집은 17세기의 탈을 쓴 현대 건축물이란 뜻이다. 결국 아이러니하게도 전후에 재탄생한 바이욀은 19세기 건물로 구성됐던 이전의 바이욀보다 더욱 전통적인 면모를 가지게 된다.

노란 벽돌로 지은 종탑이 근사한 시청 역시 1차 세계대전 이후의 건축물이다. 종탑 위에는 인어처럼 보이는 조각상이 풍향계처럼 꽂혀있다. 식당이나 가게 간판에도 그려져 있는 걸 보니 이 인어가 도시의 상징인가 보다. 시청에서 오 분을 더 걸으면 목적지인 '브누아 드 퓌트 박물관'에 도착한다. 이 시립 박물관은 일반 건물과 같은 구획 안에 붙어 있어서 멀리서 보면 뮤제인지 아니면 그냥 고풍스러운 저택인지 구분하기 어렵다. 바로 건너편 성당에서 종소리가 울리는 오후 1시 반, 초인종을 누르기도 전에 메일을 주고 받았던 행정 및 홍보 담당 헤드윅 반 헤멜 씨가 문을 열고 맞이해 주신다.

안으로 들어서면 큰 로비 대신 계단과 현관이 보여서 마치 남의 집을 방문하는 기분이 든다. 본격적인 취재를 시작하려는데 기획전 〈파도의 노래〉

로 인해 현재 모든 전시물들의 위치가 내 기억과는 꽤나 다르게 바뀌어 있었다. 뮈제 내부에 특별전시 공간이 따로 있지 않다 보니 필요할 경우에 상설전시를 전부 재배치하는 것 같다. 내 기억 속의 경쾌하고 밝은 색 대신, 모든 창문에 친 블라인드와 음산한 조명으로 어두워진 방을 둘러보았다. 분위기가 정말 달라졌지만 그래도 이곳의 정체성을 한번에 요약하는 초상화 자리는 변하지 않았다. 첫 번째 방의 중앙에 서면 이 박물관에 이름을 남긴 브누아 드 퓌트를 만날 수 있다.

액자 속에서 구불거리는 앞머리를 우아하게 내리고 부드럽게 웃고 있는 드퓌트는 바이욀 태생 법원 서기였다. 그래서 서기의 검고 하얀 의복을 입고 있다. 문화와 예술에 조예가 깊었던 그는 생전 상당한 양의 예술품과 공예품을 수집했는데, 주로 수집하던 물품들이 이 초상화에 다 들어있다. 우선 오른손에 쥔 작은 상아로 된 작은 여인상과 오른쪽 뒤 아기 예수를 안은 성

모상 등 조각이 있고, 회오리 모양 발이 달린 잔과 벨기에의 항구도시 안트베르펜에서 제작된 장식장 같은 사치품들, 그리고 가장 뒤로 아시아에서 수입한 도자기가 보인다.

드 퓌트는 생전에 시대적으로는 15세기 중세 후반부터 19세기까지의, 지리적으로는 유럽에서 아시아까지 아우르는 다채로운 수집품을 모았다. 평생을 독신으로 살았던 그에겐 유산을 물려줄 후계자가 없었고, 1859년에 그 모두를 사후 시에 증여하기로 한다. 대신 유언에 두 가지 조건을 제시했다. 바로 수집품을 자택 내에 보관하고 전시할 것과 사후에 바이욀 시에 소묘, 회화 및 건축학교를 건립하는 것이었다. 그가 바란 대로 집은 1861년 시립박물관이 된다.

이야기가 여기서 끝났으면 좋겠으나 이 뮤제도 전쟁을 피하진 못했다. 1918년의 폭격이 있기 몇 달 전, 겨우 두 대의 군용 트럭으로 소장품 중 극히 일부만을 노르망디로 피신시켰고 박물관 건물은 남아있던 예술품과 함께 폭격으로 폐허가 되고 말았다. 하지만 박물관의 향후를 걱정하던 바이욀 시장이 국가에 4십만 프랑(2023년 기준 한화로 약 천억 원 - 프랑스 국립 통계 연구소 INSEE의 가치 환산 기준에 따른 환전)의 전쟁 배상금을 요구해 박물관을 재건하기로 했으며, 수많은 이의 기부로 수장고를 다시 채울 수 있었다. 소실된 첫 번째 박물관 자리에 지역 부호들의 사택을 참고해 새로 지은 건물이 오늘날의 박물관이다. 이런 과거를 몰랐던 몇 년 전엔 이곳이 잘 보존된 옛날 집인 줄만 알고 남의 집에 초대가 된 듯 들떠서 구경했었다. 하지만 정작 이 장소에 이름을 준 드 퓌트에게는 이곳이 낯선 공간일 것이라는 사실을 알고 나니 마음이 착잡해졌다.

박물관 1층에는 브누아 드 퓌트가 살던 19세기 후반의 콩데 박물관처럼 소장품을 빽빽하게 전시해 놓았다. 개인 공간에서도 한 공간에 최대한 많은 오브제를 배치하는 것은 마찬가지였기에, 실제 드 퓌트의 방도 이런 모습이었으리라 짐작할 수 있다. 우리가 보기에 답답할 수 있지만 장소의 특수성

과 역사성을 잘 살린 연출이다. 액자로 빼곡히 채워진 벽면엔 각 작품 옆에 설명 캡션을 붙여 시각적 혼란을 가중하는 대신, 관람객들이 궁금한 작품을 직접 눌러 자세한 설명을 읽을 수 있게 터치패드를 설치했다.

거울 여러 개와 아기 천사 조각으로 장식된 높은 나무 계단을 올라 2층에 도착한다. 인어, 호수의 님프, 운디네, 네레이데스 등 물과 관련된 신화 속 여성 캐릭터를 다루는 이번 기획전의 다양한 현대 예술품 사이에 시청 종탑 위에서 본 육중한 인어상이 우뚝 서 있었다. 설명을 보니 인어가 아니라 중세 유럽 설화에 등장하는 하반신이 뱀인 멜뤼진 ^{mélusine} 이란 공주였다. 어떤 건물이든 지을 수 있는 마력을 지녔던 멜뤼진은 시청이나 성 종탑 안에 액운을 막기 위해 조각했다. 이 청동 환조는 1690년부터 바이욀 시의 마스코트로서 꽤 오랜 시간 시청 종탑을 지키다가 현재는 새로 금박을 입힌 모조품에 자리를 내어주고 박물관에서 편히 여생을 보내고 있다.

3층의 마지막 전시실에는 특별전보다 상설 전시의 비중이 조금 더 커서, 파라옹 드 윈테르 $^{Pharaon\ de\ Winter}$ 같은 바이욀 출신 화가들의 작품에 집중할 수 있다. 이들의 대부분은 브누와 드 퓌트가 남긴 유언에 따라 미술관과 같은 해에 개관한 바이욀 예술 아카데미에서 공부한 작가이다. 특별전이 없을 때엔 전시장 안에 제 1차 세계대전에 프랑스 군인들이 입었던 군복 등을 전시했던 것이 기억난다. 옆에 딸린 작은 방에는 전시회 관람을 의미있게 마무리하기 위해 자신만의 물의 정령을 그려볼 수 있는 공간을 만들어 놓았다.

취재 중에 바이욀의 한 중학교에서 단체 견학을 왔다. 질문지를 들고 삼층을 분주히 오르락내리락하는 학생들을 요리조리 피해 사진을 찍는 도중에 한 학생이 나에게 말을 걸었다. '한국에서 왔다면서요? 유명한 기자세요?' 아마 반 헤멜 씨가 한국에서 기자가 왔으니 너무 방해하지 말라고 귀띔을 해주셨나보다. 내가 작은 블로그에 글을 쓰는 사람이고 유명하지 않다고 했는데도 언젠가 유명해질지도 모르니 사인해달라고 한다. 질문지 가장자리에 작게 사인을 해줬더니 옆의 친구들도 대뜸 같은 부탁을 한다. 전시실이 작으니 움직일 때마다 다른 이들과 마주쳤고, 결국 스무 명이 넘는 바이욀 어린 학생들이 무명 기자의 사인을 가지게 됐다.

신비한 해프닝이 한 차례 지나간 후 다시 1층으로 내려와 두 번째 전시실에 돌아왔다. 내가 기차를 타고 여기까지 오게 만든 그 벽을 찾기 위해서다. 화려한 액자 대신 노랗게 빛바랜 옛날 책에서 나온 듯한 몇 줄의 문장으로 가득 찬, 일명 '유령 작품의 벽'. 원래 이 박물관에는 브누와 드 퓌트처럼 미혼으로 살다 소장품을 고향인 바이욀에 기증한 루이 앙리 앙스 Louis-Henri Hans의 컬렉션이 있었으나, 1918년 폭격 피해로 다섯 개 작품을 제외하고 모두 소실됐다. 제1차 세계대전 당시 프랑스 북부의 많은 뮈제가 상당수의 작품을 폭격으로, 운반 중 입은 피해로, 난리통에 일어난 도난이나 단순한 관리 소홀로 잃었으니, 이는 바이욀만의 비극이 아니다.

1990년대 어느 날, 박물관장이었던 로랑 기요 Laurent Guillaut 는 아주 중요한 발견을 했다. 이곳 첫 관장인 에두아르 스윈게도 Edouard Swynghedauw 가 전쟁 이전에 작성한 도록을 찾은 것이다. 더 이상 흔적을 찾을 수 없는 작품들이 이 도록에선 생생히 묘사되어 있었고, 로랑 기요는 그 글을 인쇄해서 마치 액자처럼 제작해 벽 한켠을 채웠다. 유령 작품의 크기는 도록에 기재된 실제 크기를 반영했다. 지난번에는 보지 못했던 작품도 있었는데, 현대 작가들이 스윈게도의 글을 재해석해 새로 창작한 것이라 한다. 상처 위에 새살이 돋듯 유령의 벽에도 새로운 색이 차오르고 있다. 사라진 작품이 엉뚱한 장소에 잘못 보관되고 있을 가능성을 고려해, 박물관은 여전히 1914년 이전 도록과 수장고 목록 및 사진 자료를 바탕으로 사라진 작품을 추적한다.

박물관 측은 이 공간을 '각자가 상상력으로 채워나가는 벽'이라 부른다. 이 글자로 그린 몽타주는 관객에게 실종된 작품을 함께 찾으러 가자고 부탁하고 있다. 하지만 그 부탁은 처절하거나 강제적이지 않다. 내가 지금까지 박물관에서 마주했던 파괴와 손실이란 개념은 언제나 울분과 격정을 동반했다. 조명, 연출, 학예사의 한마디가 내 슬픔의 방향을 미리 정해줬다. 그래서 나에겐 한 세대의 상실을 충족히, 멜랑콜리 없이 표출한 이 벽이 큰 충격으로 다가왔다. 스윈게도의 묘사가 유려하고 자세하기 때문에 프랑스어를 하시거나 번역 애플리케이션을 가지고 있으신 분에게는 저 많은 설명 중에 몇 개는 읽어보시길 권하고 싶다. 상상력으로 채워야 하는 공간인 이 벽 앞에서는 누구나 학예사가 될 수 있기 때문이다.

 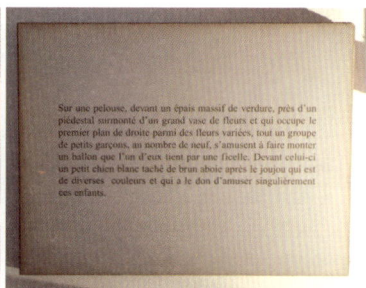

여전히 전시실을 울리는 학생들의 말소리를 뒤로 하고 뮤제를 떠난다. 미장센을 위해 조도를 낮춰 어두웠던 내부에서 나오니 여전히 쨍한 햇빛이 눈을 가격하듯 비춘다. 바이욀의 역사를 묵묵히 품은 이 공간은 큰 감동과 배움보단 소소한 추억이 필요한 이에게 더 알맞을 듯하다. 한 법원 서기의 열정으로 태어난 이 작은 뮤제는 고통스러운 시기를 살아왔음에도 많은 이의 손에서 사랑받으며 자라 구김살이 없다. 그래서 사람을 편하게 만드는 게 아닐까 한다. 가벼운 산책을 끝내기 전에 혹여나 지금 이 글을 읽고 계신 누군가의 혜안으로 사라진 작품이 돌아올지 모른다는 희망을 가지고 이름 없는 유령 작품 하나를 남기고 간다.

『 초목이 우거진 산 앞 잔디밭 위, 여러 꽃과 함께 근경 오른편을 차지하는 큰 꽃병의 받침대 가까이로 아홉 명의 어린 남자아이가 공을 허공으로 띄우며 놀고 있다. 이들 중 한 명이 공을 묶은 줄을 잡고 있다. 이들 앞에는 갈색 반점이 있는 작고 하얀 강아지가 알록달록한 장난감을 향해 짖는데, 아이들이 그 모습을 보며 유난히 즐거워한다. 』

Musée Benoît - De - Puydt
24 Rue du Musée
59270 Bailleul

공원인가,
박물관인가?

빌뇌브 다스크의 야외 박물관

Musée de Plein air, Villeneuve - d'Ascq

뿌연 새벽 안개를 가르는 트랙터 엔진 소리, 초목 사이로 난 오솔길을 걷다 보면 나타나는 초가집. 집 옆으로 어슬렁거리는 닭들…. 한국의 시골을 한 번이라도 겪어본 사람에게 향수를 불러일으키는 심상이다. 하지만 내가 방금 나열한 묘사들이 지구 반대편 프랑스의 풍경이라면 어떨까? 한때 넓은 농촌이었던 빌뇌브 다스크의 아스크 학살 추모관을 등지고 이십 분 정도 걸으면 프랑스 북부의 시골을 한 눈에 볼 수 있는 '야외 박물관'이 나타난다. 쌀쌀한 날씨에도 밭을 가로지르고 오솔길을 걸어 박물관 입구로 들어왔는데 나를 맞이하는 건 하나의 뮤제가 아니라 마을처럼 넓은 부지였다. 듬성듬성 보이는 여러 대의 옛날 벽돌집 탓에 마치 민속촌이나 영화 촬영장처럼 보이지만, 우리 앞의 모든 건물은 실제로 프랑스 북부에서 사용했던 가옥 및 부속 건물이다.

농촌에서 철거될 위기에 처했던 이십여 개 건물이 1983년 모닉 트뇌르 Monique Teneur 가 창설한 '농촌 문화재와 전통 직업 구호 협회'에 구조된 후 14헥타르에 달하는 이 들판에 모였다. 예를 들어 생트 마리 카펠이란 마을에서 온 작은 예배당은 1990년 철로 설치를 위해 철거될 위기에 처했었다. 마을 사람들도 예배당의 이전을 포기하고 새로 짓기로 한 찰나, 협회의 구조로 박물관에 정착할 수 있었다. 달리 말하면 이곳의 전시물은 회화나 조각상이 아니라 건물 그 자체인 것이다.

여러 갈래의 오솔길을 걷다보면 박물관이 아니라 정말 시골 마을에 온 착각이 든다. 대도시 외곽에 살다보니 간만에 만나는 자연이 굉장히 반가웠다. 하늘색 창문의 수수한 초가집이 유독 눈에 띄어서 구경하기로 했다. 노란 벽돌로 된 기반만 제외하고 집은 모두 흙벽인, 어느 한 쪽이 아니라 건물 중

앙에 큰 굴뚝이 있는 18세기 가택이다. 프랑스 북부의 초가집은 한국의 초가집보다는 지붕이 높은 것이 특징이다. 마지막 집주인 사망 이후로 방치됐던 이 집은 이엉(짚으로 된 지붕)이 날아가는 바람에 집 안까지 들어온 비로 벽이 심각하게 훼손된 상태였다고 한다.

집 앞의 팻말을 읽어보니 내 친구 부모님이 사시는 밀람 Milam 이란 마을에서 구조한 초가집이었다. 봄엔 린넨 밭이 광활하게 펼쳐지고 사람보다 소가 많은 시골에서 온 이 집엔 특이하게 '조에의 집'이란 별명이 붙었다. 밀람 사람들 이야기에 따르면 백 년 전에 조에라는 마녀가 살던 집이었기 때문이다. 조에는 사람들의 방문을 싫어하고 홀로 약초를 캐러 다녔으며, 1914년 독일군이 프랑스를 침략할 것을 예언했다고 한다. 그래서인지 내부로 들어가 보면 챙이 큰 모자를 쓴 조잡한 마녀 인형이 앉아 있다.

아마 동화구연이나 다른 프로그램을 위해서 놓은 도구인 듯 한 이 밀랍 인

형이 공간 분위기를 놀이동산처럼 바꿔놓는다. '조에'의 어깨에 까마귀 박제까지 추가하며 마녀의 상투적인 이미지를 사용하는 것이 학술적 내용 전승에 크게 도움이 되진 않을 것 같다. 그래도 '마녀 조에'를 제외하면 꽤 정확하게 19세기 플랑드르 지역 농가의 실내를 구현해 놓았다. 벽 안쪽으로 난 다락방에 숨겨진 작은 침대와 침대 옆의 난방도구, 아기가 일렬로 걸을 수 있게 도움을 주는 옛날 보행기인 알로와르 alloir 같은 이 지역만의 독특한 물건도 있다. 향토 박물관에도 있는 물건이 많아서 나는 이해하는데 문제가 없었지만, 프랑스어를 쓰지 않는 분들은 이곳을 어떻게 감상하실지 모르겠다.

박물관에 보존된 것은 초가집만이 아니다. 이전엔 집집마다 화덕이 없어 마을 중앙에 크게 지어놓고 공유하던 18세기의 공용화덕, 십일조로 낸 농작물을 보관하는 십일조 창고, 대장간, 비둘기 집, 수레 창고, 여관 건물까지 마을을 구성하는 필수 시설이 모두 모여 있었다. 지금 당장이라도 마을 하나를 뚝딱 완성할 수 있을 정도이다. 1980년 대부터 시작된 구조작업의 규모가 조금은 짐작이 간다. 저 지붕과 벽돌벽에 얼마나 많은 사람들의 손이 닿았을까?

오래된 전시품을 다른 장소로 옮기는 것은 크기에 상관 없이 전문가의 세심함과 조심성을 요구하는 작업이지만, 건물 하나를 해체 후 재조립하는 과정엔 더 큰 위험이 따른다. 그렇기에 꼼꼼하게 작성된 매뉴얼이 중요하다. 먼저 건물과 건물 주변 시설의 도면을 아주 자세히 만든다. 벽돌 하나, 너와 하나 모두 신중히 분해한 후 번호를 매겨 박물관 부지에서 그 번호대로 다시 재건한다. 이후의 재조립 과정은 건물의 재료나 상태에 따라 굉장히 달라진다. 심하게 손상되어 복원할 수 없는 부분은 옛날 방식으로 다시 제조해서 박물관 내에서 재조립할 때 합친다. 보통 부동산 소유자는 걸리적거리는 폐건물이 최대한 빨리 철거되길 바라기 때문에 구조 팀에게 주어지는 작업 시간은 상당히 짧다고 한다.

건물을 오브제로 전시하는 것 외에도 이 뮤제엔 다른 독특한 볼거리가 있다. 야외 박물관은 릴 메트로폴리스 Métropole Européenne de Lille (줄여서 MEL)가 운영하는 박물관인 동시에 자연 공원인 'MEL 자연지대'에 속해있다 보니 실제 시골길을 본뜬 내부를 산책하며 다양한 동식물과 마주칠 수 있다. 동쪽의 정원에는 선조들이 쓰던 약초가 풍성하게 자라고, 곳곳에 닭, 소, 망아지, 양 같은 가축 우리가 지어져 있다. 그래서 야외 박물관에는 다른 박물관에서 볼 수 없는 동물 담당자란 직책이 있다.

박물관의 모든 가축은 오 드 프랑스 지역 및 벨기에 토종이다. 가장 수가 많은 종은 토끼인데, 그 중에서도 플레미쉬 자이언트라는 토끼는 우리가 평소

보는 집토끼와는 아주 다른 외관을 가지고 있다. 얼굴은 여느 토끼처럼 귀엽지만 이 종은 '플랑드르의 거인'이란 이름에 걸맞게 성체는 무게만 10kg이 나가고 최대 120cm까지 자랄 수 있으니 덩치가 웬만한 어린이 비슷한 셈이다. 이 근육질의 토끼는 강한 발차기가 특기이나, 차분하고 느긋한 성격으로 사람에게도 사랑받는다고 한다. 수레를 끌 일도 없고, 먹힐 걱정도 없는 이 넓고 평화로운 공간에서 동물들은 자유롭게 살아간다.

느긋이 걷고 있는데 굵은 빗방울이 떨

어진다. 비도 피할 겸, 멀리서 톱이 돌아가는 소리가 들리는 방벡 Bambecque 의 초가집으로 향했다. 이 집엔 나무를 주재료로 쓰는 가구 세공인 크리스티앙이 실톱을 사용해 조그마한 고양이를 조각하고 있었다. 작업 중에 불쑥 들어왔는데도 크리스티앙은 귀찮은 기색 없이 자신이 사용하는 기술을 설명하며 지금까지 만든 작은 장신구, 체스 세트, 램프 등 근사한 작품을 보여준다. 위아래로 진동하는 밧줄 모양의 실톱을 사용해 자유롭게 문양을 잘라내는 샹뚜르나주 chantournage 기법은 손이 다칠 위험이 없고 빠르게 작업할 수 있다는 장점이 있는 것을 배웠다.

수국이 아름답게 피고 연못에는 오리가 노니는 볼젤 Bollezeele 초가집은 도예가 상드린 뒤가르댕 씨의 작업 공간이다. 레게머리를 멋들어지게 한 상드린은 원래 회사원이었으나 심한 번아웃으로 퇴사를 한 후에 점토를 사용한 조각을 시작했다고 한다. 처음에 취미로 시작한 조각이지만 빠르게 능력을 발휘하기 시작해 이제는 조각과 도예를 넘나들며 작품활동을 하고 있다. 상드린에게 흙은 자신과 세상을 다시 이어준 매개체였기에 그는 이 경험을 남들과도 나누고 싶어 한다. 자기 작품을 보여주는 상드린의 표정이 아주 밝다.

크리스티앙과 상드린은 박물관 직원은 아니지만 심사를 통해 야외 박물관에 입주한 장인이다. 총 여섯 명인 전문가가 도예, 꼭두각시 제작, 대장장이, 가구 세공 등 과거에 활발했던 수작업 활동을 대중에게 보여주는 역할을 한다. 박물관의 작업실을 낮은 월세에 얻는 대가로 박물관 개방 시간 동안은 관람객과 소통하고 중요한 행사에서 각자 분야의 테크닉을 시연하기도 한다. 대장간도 들르고 싶었지만 하필 점심시간이라 잠겨 있었다. 모든 장인들은 자기 스케줄이 있어서 항상 박물관에 상주하는 것은 아니니 관람 전에 안내소에서 확인하길 바란다.

산책을 끝내기 전에 바람이 많은 북부 풍경을 묘사할 때 빠질 수 없는 풍차를 보러 서쪽으로 향했다. 솜므 지역의 보드리쿠르 출신의 이 풍차는 1988년에 해체돼서 2019년에 박물관에서 재조립된, 이 뮤제에서 가장 막내로 들어온 건축물이다. 보통 바람을 잘 받기 위해 언덕 위에 세워지는 다른 풍차들과 달리 바닷가 평원에서 바닷바람으로 작동했다고 한다. 풍력으로 날개를 돌려 곡식을 빻거나 기름을 짜는 등 다양한 방식으로 운용되는 풍차는 건축물인 동시에 섬세한 기계이다. 보수 작업으로 깔끔해진 외관이 햇빛에 빛나고 있지만, 이 풍차는 예전처럼 움직이지 않는다. 섭섭하신 분들을 위해 같은 도시에 여전히 작동 가능한 풍차 두 대를 전시하고 있는 풍차 박물관이 있다.

취재를 끝내고 박물관을 나서니 마침 비가 그쳤다. 그날따라 사람도 없고 날은 선선해서 마치 도심을 벗어나 시골로 산책을 다녀온 기분이 들었다. 보통 박물관 하나를 방문하면 다리부터 붓는 타입인데, 두 시간이 지나도 이렇게 몸이 가볍다니 이상한 일이다. 머리로는 이곳이 건축물이라는 유형 문화재와 옛 직업이란 일종의 무형 문화재를 통해 과거를 재구성하는 뮤제임을 인정하는데, 몸으로는 이 장소가 박물관이라는 것을 받아들이지 못하고 있는 듯했다.

'야외 박물관 Open Air Museum'이란 개념은 우리에게 아직 생소하다. 19세기 극 후반에 스칸디나비아 반도를 기점으로 생성된 비교적 최근의 뮤제 유형이기 때문이다. 이미 산업화가 활발히 진행 중이었던 영국을 비롯한 서유럽과 달리 대다수의 국민이 여전히 낙농업에 종사하는 북유럽에는 근대 사회의 도래가 훨씬 큰 충격으로 다가왔고, 공장 건설을 위해 사라지는 전통과 농업 문화재를 보호하기 위한 대책으로 거대한 야외 박물관을 설립하게 된 것이다. 현재 많은 야외 박물관들이 유럽에 집중돼 있으며, 프랑스에는 비슷한 목적으로 지은 박물관을 '에코뮤제 écomusée'로 부르기도 한다. 우리나라에선 관광 시설 조성을 위해 신축된 가옥이 아닌 원래 존재하던 가옥을 보존 중이라는 점에서 일반 민속촌과는 구분이 되는 낙안읍성 민속마을이 아마 가장 근접한 구조를 가지지 않았나 짐작한다.

주요 전시 공간이 건물 내부가 아닌 야외에 설계되어 있다는 점은 생각보다 많은 근본적인 차이를 만든다. 전시물이 진열장에 들어가지 않고, 직원 중에 동물 담당자와 정원사가 있다. 민속과 전통이라는 주제를 다루는 또 다른 뮤제인 향토 박물관은 규모가 작은 내부 공간이기 때문에 짧은 시간 안에도 전시에 집중하기 쉬웠는데, 14헥타르 규모의 야외 박물관에서는 어려운 일이었다. 그래서인지 무엇을 배우려 노력하기 보단 귀여운 동물을 보며 '힐링'하거나 상쾌한 바람과 경치에 취하며 공원으로써의 야외 박물관을 더 효

율적으로 즐겼던 듯하다. 여유롭고 활기찬 공원의 분위기는 가을 '마녀의 축제' 같은 큰 행사에서 가장 잘 표출된다. '마녀' 조에서 영감을 얻어 할로윈과 관련된 각종 공연과 만들기 수업 등을 제공하는 축제인데, 딱히 이 뮤제의 테마와 관련된 활동은 아니지만 고즈넉한 들판 안에선 잘 어우러진다.

야외 박물관은 내가 박물관에서 어떤 서비스를 중시하는지 알려주는 지표였다. 신나게 한 바퀴를 돌고 나서도 이곳이 교육적 매개체 배치에 소홀하단 사실이 계속 마음에 걸렸다. 건물마다 설명글이 배치되어 있긴 하지만 아주 크지 않아서 그냥 지나칠 때가 더 많았고, 내부에는 아예 글로 된 설명이 없다. 오디오 가이드도 없는 상황에서 중간에 장인 두 분과 대화하지 않았다면 놓치는 정보가 더 많았을지도 모른다. 물론 뮤제에서 반드시 지식을 얻고 가야 할 필요는 없지만, 좀더 폭넓은 이해를 원한다면 해설사와 함께 관람해야 할 것 같다.

야외 박물관에는 옛 프랑스 북부의 건물과 그 안에 살던 이들의 삶까지 최대한 원래의 상태로 유지하겠다는 큰 포부가 있지만, 박물관이자 공원이라는 복합적 역할을 소화하며 일부 역할은 그 목적에서 멀어지는 것 같았다. 실제로 이곳의 전시가 대중이 '산업화 이전의 농촌 사회'를 이해하는 데 어느 정도로 기여하고 있는지, 혹은 박물관 내부에서 진행하는 학문적 연구가 대중적으로 가시화되고 있는지에 대해서는 알 수가 없다. 특히나 농촌에서의 삶이 마치 평화로운 동화 속 세상인 듯 이상적으로 제시하는 것이 과연 옳은 방향인지 의구심을 가지게 한다.

야외 박물관은 분명 독특하고 매력적인 개념이지만 광활한 복합 공간은 제어하고 관리하기가 어렵다. 바이러스 때문에 다른 뮤제는 휴관을 할때도 공원으로 인정돼서 꿋꿋이 운영을 하던 곳이지만, 여기서 일하던 친구들과 이야기를 나눌 때마다 릴 메트로폴리스가 야외 박물관의 박물관으로서 기능

은 포기하고 온전히 공원으로 만들 것이란 루머를 듣곤 했다. 이 뮤제가 사라진다면 열심히 구출한 농촌 문화의 한 조각이 다시 위기에 처할 수 있다. 시골에 가 본 적이 없었던 도회지 아이와 어른에게는 이곳에 오는 것 자체가 값진 교육이 되지 않을까? 현대 사회가 지우고 있는 것들을 지키고 싶어 하는 마음으로 만든 공간임을 알기에, 야외 박물관이 오랫동안 뮤제의 역할을 다 할 수 있길 진심으로 바란다.

Musée de Plein air
143 Rue Colbert
59493 Villeneuve - d'Ascq

예술의 궁전,
피카르디를 담다

11

아미앵의 피카르디 박물관

Musée de Picardie, Amiens

거대한 고딕 대성당, '80일간의 세계일주'의 저자 쥘 베른의 집, 피카르디도의 수도. 처음 아미앵을 방문했을 때 떠오른 단어는 자부심이었다. 화려한 석조 건물이 가득 찬 시내에서 조금 더 안으로 들어가면 주변 건물들보다 더 높이 솟아있는 건물 하나를 길 한복판에서 발견한다. 청회색 슬레이트 지붕과 상아색 몸통의 고전적인 조합, 안정적인 건물의 볼륨감, 다양한 무늬의 부조가 수놓아진 외관을 보고 있으면 마치 궁전에 당도한 기분이 든다. 문 위의 대리석 현판을 보고서야 이곳이 궁전이 아니라 아미앵 시립 박물관인 '피카르디 박물관' 옛 입구 앞이라는 것을 깨닫는다.

샹티이 성의 콩데 미술관처럼, 프랑스의 많은 궁과 성이 18세기와 19세기에 뮈제로 변모했다. 프랑스에서, 혹은 세계에서 가장 유명한 뮈제인 파리의 루브르 박물관은 루이 14세가 베르사유로 떠나기 전까지 수도의 왕궁이었고, 프랑스 혁명이 일어나고 몇 년 후인 1793년부터 대중에게 박물관으로 개방되었다. 그래서 이곳 역시 이렇게 재탄생한 옛날 궁전일 것이라 짐작했지만, 놀랍게도 1867년에 개관한 이 뮈제는 왕궁도, 귀족의 저택도 아니었다. 무려 프랑스에서는 최초로 박물관으로 지은 건물이 내 앞에 서 있었다.

날개 달린 사자상이 수호하는 정원을 지나면 2019년에 재정비된 새 입구에 도착한다. 넓고 쾌적한 홀에서 매표를 하는데 카운터에 '피카르디 박물관에서 꼭 해봐야 할 스무 가지'라는 리스트가 있길래 가방에 넣었다. 이번이 벌써 나에겐 세 번째 관람이지만, 피카르디 박물관에 입장하는 것은 언제나 하나의 신비로운 의례처럼 다가온다. 매표를 한 후 오른쪽으로 돌면 익숙한 색채의 파동에 이끌려 원형 홀을 향해 저절로 발을 움직이게 된다. 강렬한 원색과 기하학적 무늬로 완성된 이 로톤다(rotonda, 원형 건물이나 홀)는 뚜르꼬앙 미술관인 뮈바에서 이미 본 적 있는 솔 르윗의 월 드로잉(1993년 제작)이다.

이 로톤다로부터 세 갈래 길이 나 있지만 정면에서 느껴지는 웅장함에 빨려들어 앞으로 발을 옮긴다. 높은 벽에 둘러싸인 정사각형 전시실에 들어오자 조그마한 움직임에도 소리가 울린다. 그랑 살롱 Grand salon 에는 거대한 크기의 회화작품이 벽 대부분을 덮고 있다. 몇몇 역사화의 주인공 얼굴이 유난히 프랑스 첫 황제 나폴레옹 1세를 닮았거나 아예 그의 미담을 직접적으로 다루고 있는 것이 눈에 띄었다. 한쪽에 설치된 큼지막한 터치스크린을 누르면 작품 설명과 복원 과정을 자세히 볼 수 있다.

19세기에 개관한 이후로 모습이 크게 변하지 않은 그랑 살롱의 천장은 시원하게 높고, 그 시절에는 획기적이었던 반투명한 유리 지붕에서 들어오는 자연광이 근엄함을 연출하고 있다. 천장 바로 밑을 피카르디 출신 예술가들의 흉상과 이름이 장식하고 있다. 전시실  입구 상부도 피카르디 도의 문장을 들고 있는 승리의 여신상으로 장식했으며, 와인색 벽지에는 반복적으로 '피카르디 박물관'의 머리글자 M과 P가 찍혀 있었다.

강박적인 듯한 지방색의 표현은 이 뮤제의 건립과 관련이 있다. 1836년에 결성된 '피카르디 지역 역사 연구자 협회(Société des Antiquaires de Picardie, 이하 피역협)'는 비전문가 사학자·고고학자 모임으로, 지역의 문화와 유적·유물을 연구하며 훗날 시립 박물관의 바탕이 되는 상당한 양의 유물과 예술품을 수집했다. 이 수집품들은 마땅한 장소가 없어 시청에서 보관 중이었는데, 독립적으로 이를 보존하고 전시할 장소를 찾던 협회가 1855년에 박물관 건립을 추진한다. 1867년 개관할 때부터 지금까지 박물관은 협회에 회의실 한 켠을 내어주고 있다. 참고로 누구나 예약하면 회의실 자료를 열람할 수 있다.

그랑 살롱의 양옆에는 좀 더 현대적이며 시원하게 쭉 뻗은 조각상 갤러리와 중세 갤러리가 있다. 첫 번째 갤러리에는 19세기에서 20세기 초에 제작한 환조가, 두 번째에는 중세 시대 섬세한 세공품, 조각상, 스테인드글라스 등 다양한 오브제가 깔끔하게 전시되어 있다. 상당수 중세 유물이 피카르디 지역의 고딕 문화재, 특히 아미앵 대성당에서 발견된 것에 비해, 반대편 근대 조각상은 피카르디 조각가에 대해 더 배울 수 있을 것이라 기대하던 것과 달리 대부분 파리 및 외지 출신 작가가 제작한 것이었다. 그랑 살롱이 목청껏 외치던 지방색이 이곳에선 숨죽이고 있는 모습에 미묘한 어긋남을 포착했다.

2층으로 가기 위해 그랑 살롱과 옛 입구 사이에 놓인 '명예의 계단'을 오르기로 했다. 좌우로 날개처럼 두 계단이 뻗어 나가는 이 중앙 계단은 다양한 색의 대리석으로 제작됐다. 층간 바닥의 섬세한 대리석 모자이크를 밟으며 올라가다 보면 정말 왕궁 무도회장으로 향하는 착각을 준다. 2층 발코니에 다다라서 아마 이 지역 위인인 듯한 사람들의 흉상 사이에 나란히 서 있

으면 19세기 중반 프랑스의 가장 유명한 벽화가였던 피에르 퓌비스 드 샤반 Pierre Puvis de Chavannes 의 우아하고 고전적인 벽화 구성을 눈에 담을 수 있다. 눈높이가 달라지면 마음가짐도 달라지기 마련이다. 문득 나를 둘러싼 예술이 나를 날아오르게 하는 것 같았다.

2층은 주로 회화 전시실로, 한 구획에 부분적으로 뮤바처럼 주제에 따른 작품 배치를 시도했다. 17세기에서 20세기까지의 어린아이 초상화를 전시한 '어린 시절'이란 별관 한복판에서 모자를 발견했다. 분실물 신고를 하러 안내 요원에게 갔는데, 요원분들이 내 손에 들린 모자를 보고 당황하셨다. 알고 보니 관람객이 그림 속 아이와 같은 모자를 쓰고 똑같은 포즈를 취할 수 있게 일부러 거기 배치한 소품이란다. 그리고 보니 짝다리를 짚고 당돌한 표정으로 관람객들을 쳐다보던 초상화의 주인공(질 르페브르, <화가의 아들 모리스의 초상화>, 1888년)이 비슷한 뜨개 모자를 쓰고 있었다. 여기 몇 번이나 왔으면

서 주변에 아이들을 위해 모자 말고도 다른 의상이 서너 벌이 걸려있는 걸 눈치채지 못했다. 내 눈이 여전히 만지고 체험하는 새로운 박물관 구성에 익숙하지 않은 모양이다.

2층 전체가 아름답고 완성도 높은 그림으로 가득하지만, 파리 루브르 박물관의 명작을 마주할 거라곤 생각도 못했다. 테오도르 제리코의 <메두사 호의 뗏목(1818~1819년)>이었다. 이 작품이 왜 여기에 있나 당황하며 작품 캡션을 보니 정교한 복제품이었다. 제리코의 작품은 작가가 사용한 안료의 배합 문제로 유화 표면이 갈라지며 19세기 중반에 이미 훼손상태가 심각했었다. 루브르는 복원을 진행하면서 혹여나 작업에 실패할 경우를 대비해 미리 정교한 복제품을 제작했다.

다행히 복원 작업이 성공해 원본은 오늘도 파리에 있다. 그런데 왜 다른 박물관에서 제작한 복제품이 아미앵에 있을까? 19세기 중반부터 이미 파리의

국립 박물관, 특히 루브르의 수장고가 포화상태였기 때문이다. 당시 정부는 '문화재의 지방 분산'이란 명분 하에 지방으로 다량의 작품을 장기 위탁 보냈고, 중앙 권력의 명령을 거절할 수 있는 지역 기관은 그리 많지 않았을 것 같다.

수려한 벽화로 가득한 2층 갤러리 반대편으로 가면 각종 고대 신상 모조품과 오색의 대리석으로 점철된 황제의 홀과 황후의 홀이라 불리는 로톤다가 있다. 황후의 홀 바닥엔 상감세공(목조 세공의 일종으로, 여러 가지 색의 목편을 맞추어 장식하는 기법)으로 새겨진 머리글자 E가 보였다. 박물관이 건축된 시기에 살았고 이름이 E로 시작하는 프랑스의 황후라면 외제니 드 몽티조 Eugénie de Montijo 가 떠오른다.

외제니의 남편이자 1852년에 '나폴레옹 3세'란 명칭으로 즉위한 루이 나폴레옹 보나파르트 Louis - Napoléon Bonaparte 는 유배당한 제1제국의 황제 나폴레옹 보나파르트의 조카였다. 유럽 주변국과 이집트를 정복해서 수중에 넣은 예술품으로 루브르의 수장고를 채운 후 루브르의 이름을 '나폴레옹 박물관'으로 바꿨던 삼촌의 뒤를 이어 나폴레옹 3세는 활발한 문화 산업을 추진하며 황제의 영향력을 구체화할 수 있는 박물관을 온 지방에 건설하길 원했다. 같은 시기에 도시 미화 작업에 착수한 아미앵에겐 상징적인 문화 시설이 필요했고, 피역협은 간절히 박물관이 될 건물을 찾고 있었다.

나폴레옹 3세와 개인적인 친분이 있던 피역협의 부회장 샤를 뒤푸르 Charles Dufour 는 막 즉위한 황제에게 박물관 건축 비용의 지원을 요청한 것이 기각되자, 황제의 허락을 받아냈다고 협회에 거짓말을 한 뒤 건축 후원금을 충당하기 위한 복권 발행을 실시한다.

그의 당돌한 태도에 감명받은 황제는 복권 발행을 눈감아주는 동시에 개인적인 금전적 후원은 물론 옛 병기고 부지를 무상으로 제공하며 박물관 설립에 크게 기여했다. 황제의 전적인 지지에 답하기 위해 아미앵의 첫 시립 미술관은 '나폴레옹 박물관'의 현판을 달고 개관했다.

설립의 역사적 배경을 알면 이 뮤제의 세세한 장식들도 달리 보인다. 옛 입구였던 파사드에 새겨진 E는 외제니, N은 나폴레옹의 머리글자이며, 중앙 계단 양옆에는 나폴레옹 3세가 참여한 기공식과 그의 첫 박물관 방문 날짜가 나란히 명시되어 있다. 그랑 살롱에 나폴레옹 3세 삼촌인 나폴레옹 보나파르트와 관련된 작품이 여럿 걸린 것도, 그랑 살롱의 구조가 그 당시 나폴레옹 3세가 증축하고 있던 루브르 박물관의 전시실 중 하나인 살롱 까레 Salon carré 와 흡사한 것도 우연이 아니란 뜻이다.

그러나 1870년에 나폴레옹 3세가 폐위되고 제3공화국이 도래했다. 이 뮤제도 급히 황제와 관련된 장식을 떼어내고, 대신 '피카르디 박물관'으로 이름을 바꿨다. 어쩌면 설립 회원들은 이 순간을 기다렸을지도 모른다. '피카르디 지역 역사 연구자 협회'는 개관 전부터 황제의 지원에 감사하지만 그와는 별개로 지역 정체성을 지켜야 한다는 입장을 고수했다. 1867년에 발표한 성명서에서 '나폴레옹 박물관'이라 이름 붙인 곳을 왜 국립 황실 박물관이 아닌 시립으로 지정하느냐는 질문에 협회는 이렇게 답했다.

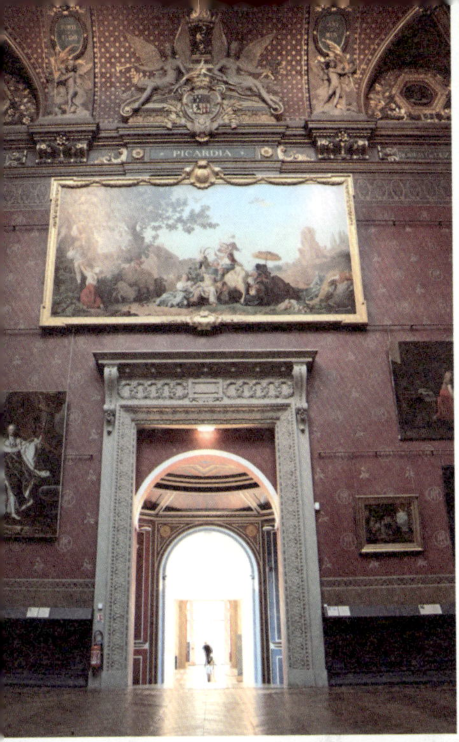
PICARDIA
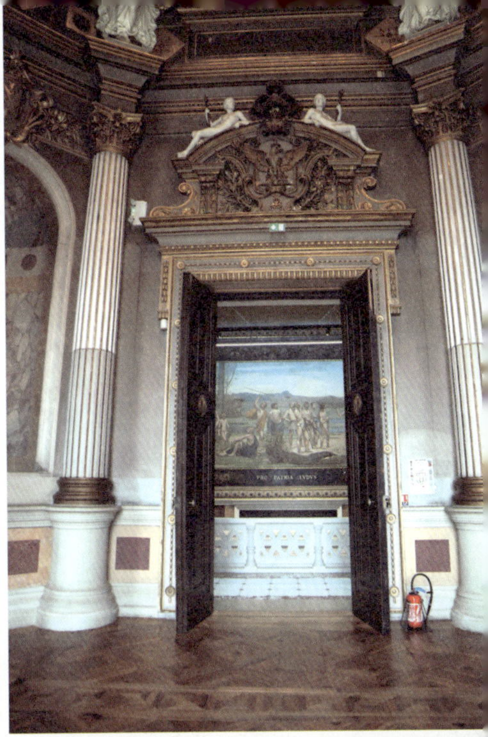
PRO PATRIA LVDVS
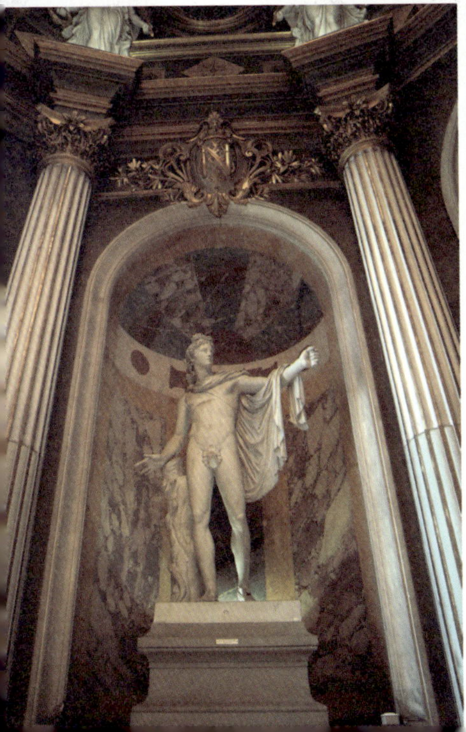
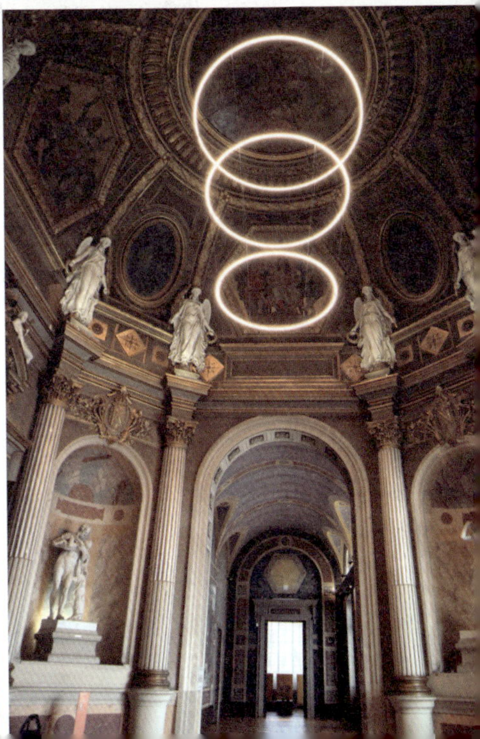

'국가는 어떤 지방이나 도시를 대표하지 않는다. 정부는 당장 내일이라도 공익을 위한다는 명분 하에 아미앵 박물관을 다른 모든 황실 박물관과 비슷하게 만들어 버릴 수 있다. 우리 지역 고유 예술품이 별 볼일 없다며 광으로 치워버리고, 그 작품들보다 특별히 더 가치 있지 않거나 심지어 덜 중요한 다른 황실 박물관의 작품으로 교체할 것이다. (중략) 우리는 지방의 박물관으로 남길 원한다. 루브르의 다락방으로 전락하는 '영광'은 사양한다.*'

운영 주체가 누구냐에 따라 기관의 정체성과 방향성이 근본적으로 변할 수 있다는 중요한 답변이다. 이 성명서에 의하면 당시 황실의 지원을 받고 국립 박물관으로 승격한 많은 뮤제가 주요 컬렉션을 도리어 파리의 다른 대형 뮤제에 내어주고 대신 터져나가는 수도의 수장고에서 덜 알려진 작품들을 위탁해야 했다고 한다. 파리의 예술만큼 가치가 있는 지역 예술을 보호하기 위해 독립적인 운영을 추구하자는 선언이다.

그러나 이 '지방의 박물관'을 만들겠다던 처음의 포부와 달리, 중세 전시실을 제외하면 크게 지역 예술을 봤다는 생각이 들지 않았다. 그러다 '피카르디 지역 역사 연구자 협회'가 처음에 고고학에 주력한 협회라는 것을 떠올리고 지하로 내려갔다. 위층의 화려한 벽지와 벽화 대신 투박한 벽돌벽이, 자연광 대신 어둑어둑한 조명이 비치는 이곳은 고고학 전시관이다. 원래는 난방 기구가 설치된 단순한 지하실 및 창고였으나, 난방 시설을 신식으로 바꾸며 텅 비어버린 장소를 1990년대에 고고학만을 위한 전시공간으로 개

---

* Société des antiquaires de Picardie, *Le Musée Napoléon cédé à la ville d'Amiens par la Société des antiquaires de Picardie*, 1867년, 5쪽.

조했다 한다.

이 넓은 지하층 왼편에 고대 지중해 문명권과 고대 이집트 유물이 전시되어 있었으나, 솔직히 이 별관에선 큰 감흥이 없었다. 19세기 석학들이 이 지역과 관련된 물건이라면 닥치는 대로 수집한 탓에 프랑스의 어느 대형 박물관에 가도 비슷한 그리스 토기와 로마 유리제품, 그리고 이집트 미라를 볼 수 있으니까. 하필 여기에서 엄청 유명하다고 하는 미라와 그 나무관은 복원 때문에 부재 중이었다. 그 미라 역시 내가 찾던 '지방의 예술'은 아니다.

내 흥미를 끈 건 미라 반대쪽 구석기 시대부터 고대 로마 시대, 중세 시기까지의 아미앵 지역 의식주를 다룬 전시실이었다. 구석기 시대부터 아미앵 부근엔 인류가 정착했었고, 동그란 몸통에 두드러지게 표현된 가슴과 배가 특징인 '르낭쿠르의 비너스' 및 다른 여러 여인상이 그들의 존재를 증명한다. 로마에 점령당한 기원전 1세기엔 아미앵은 '솜므(아미앵을 둘러싼 행정구역)의 다리'라는 뜻인 '사마로브리바'라는 이름의 대도시로 성장했다.

아미앵 별관엔 사마로브리바의 공중목욕탕과, 우리나라 온돌과 비슷한 방식의 난방 시스템을 가지고 있던 저택의 일부가 전시되어 있다. 20세기 전의 신발, 빵, 주사위, 취사도구 등 다른 박물관에선 보기 힘든 물건이 로마 시대 저택의 벽화 옆에 나란히 놓여 있었다. 방금 걸어온 큰 길가에서 발굴된 유물도 있는 걸 보니, 아미앵이 융성한 고대 로마 도시였다는 것이 실감난다. 구석기 시기 여인상부터 기원후 8세기 프랑크인 족장의 묘까지, 몇 천 년을 넘어선 아미앵 역사가 모두 여기에 저장되어 있다.

이 별관은 아미앵 주위의 고고학적 발굴이 활발해지며 오늘날도 꾸준히 갱신되는 공간이기도 하다. 가끔 이 유물·유적이 발굴된 경위나 복원 과정 등이 만화로 설명되어 있어 글을 읽기 귀찮아하는 나도 금방 이해할 수 있었다. 그럼 피카르디 출신 수집품을 가장 많이 지니고 있는 고고학관과 중세관이 이 뮤제의 정체성을 드러내는 장소라고 봐도 좋을까? 지하실 여기저기에 배를 깔고 누워 벽화를 따라 그리는 초등학생 무리를 지나쳐 다시 1층으로 올라갔다.

원래 성유물이나 성화를 전시하던 '기도실 chapelle'이란 곳은 현재 관람객 쉼터이다. 중세 시대 기도실처럼 알록달록하게 칠한 춥고 긴 홀에서 나 말고도 몇 명이 피곤한 몸을 달래고 있었다. 편한 소파에 앉아 피카르디 박물관이 어떤 박물관인지 정리해 봤다. 이 뮤제는 지역 민간협회가 '지방의 박물관'을 만들겠단 포부로 건설했다. 하지만 후원자 구미에 맞게 제작하다 보니 점점 수도의 궁을 닮아갔고, 때문에 오늘날에도 대중은 이곳을 여전히 '루브르의 별관', '나폴레옹 3세의 정치적 도구'처럼 인식한다.

기도실의 한 대들보에 '카이사르의 것을 카이사르에게, 신의 것을 신에게 돌려라'는 성경 구절이 금색 도료로 적혀 있었다. 황제의 욕망에 걸맞은 제2의 루브르를 만들어야 한다는 압박감과 박물관의 희미해지는 정체성 사이에서 당사자들이 내린 결론은 아니었을까? 그럼 이런 긴장된 상황에서 정부와 이 박물관 관장의 관계는 어땠을지 궁금해졌다. 내가 사는 릴의 시립박물관에도 이렇게 위탁된 작품이 많았던가? 결국 이들이 말하던 이상적인 '지방의 박물관'의 기준은 무엇이지? 이 당시 신문이나, 제2제국 시기의 박물관 관리에 대한 논문과 자료를 많이 읽으면 될 테지만 시간이 턱없이 부족하다. 아무 대답도 얻지 못하고 돌아갈까 봐 불안해지기 시작했다.

머리를 식히려 카운터에서 챙긴 '피카르디 박물관에서 꼭 해봐야 할 스무 가지' 리스트를 꺼냈다. 거기엔 그림 그리기, 조각상 따라 포즈 잡기, 옛 기도실에서 보드게임하기 말고도 '전시실에 눕기'가 있었다. 기왕 눕는 거 제일 멋진 곳에 눕고 싶어 그랑 살롱으로 돌아가니 다행히 주변에 아무도 없

다. 기회다 싶어 차갑지 않은 나무 바닥에 등을 대고 우윳빛의 유리 천장을 봤다. 전시실에 누워있다고 영화처럼 내 관점이 달라지거나 한 것은 아니었는데, 별난 짓을 하고 나니 웃음이 터지며 이제야 이곳이 내 것이 된 느낌이 든다.

자리에서 일어나 내가 결국 이 뮤제에서 보여주고 싶었던 것이 뭘까 다시 고민했다. 박물관 하나 보자고 가깝지도 않은 도시를 세 번이나 들렀다면 단순히 그 건물에 얽힌 깊고 복잡한 역사에 감명받아서는 아닐 것이다. 박물관은 결국 나와 같은 시대에 '살아있는' 공간이기에, 오는 이의 마음을 사로잡으려면 더 직접적이고 섬세한 매력을 보여줘야 한다. 내게 피카르디 박물관은 웅장한 파사드와 중앙 계단이며, 정원을 거니는 느낌을 주는 높고 탁 트인 건축물이고, 부드러운 자연광에 빛나는 명작이다. 동시에 여기엔 큼지막한 터치스크린, 만화로 된 설명, 널찍하고 편한 의자와 누워도 괜찮은 바닥이 있다.

큰 자본을 거머쥔 세력의 도움 없이 존재할 수 없었던 거대 뮤제는 역사 속에서 항상 정치적 무대였다. 피카르디 지역을 향한 자부심과 중앙 권력에 협력해야하는 상황 사이의 간극 자체가 이곳이 '지방의 뮤제'라는 방증이기도 하다. 파리의 뮤제였다면 정체성에 대해 이토록 치열하게 고민하지 않았을 것이다.

협회가 원하던 뮤제는 작품이 어디서 왔는지와 상관없이 지방 사람이 지방 사람을 생각하며 설계한 독립적 기관이 아닐까 짐작해 본다. 그렇다면 현재도 꾸준히 새로운 박물관학을 도입해 지역민에게 더 다가가기 쉬운 장소가 되기 위해 노력하는 피카르디 박물관은 그 염원을 향해 완벽하진 않지만 충실하게 대답한 셈이다. 황제의 영광을 비추기 위한 거울에서 이젠 민중의 놀이터가 된 박물관. 넓은 소파의 모습을 한 왕좌에서 일어나 드디어 이곳의 주인이 됐다는 자부심을 안고 익숙한 궁전을 떠난다.

Focus

프랑스에서 처음으로 지은 예술의 궁전으로, 피카르디 박물관은 다른 지역의 박물관 건립에 큰 영향을 끼쳤다. 황정이 무너진 후 제3공화국 (1870~1940)시기에 루앙, 낭트, 보르도 등 대도시에서 아미앵을 표방해, 도시의 위상을 올릴만한 거대하고 화려한 예술의 궁전을 세우기 시작했다. 내가 사는 릴의 미술궁 Palais des Beaux - arts de Lille 역시 아미앵의 박물관에 영감을 얻어 1892년에 건설됐다. 건물 규모나 컬렉션의 문화적, 역사적 가치로 따질 때 이 지방 박물관들은 수도의 뮤제에 뒤지지 않는 경쟁력을 가지고 있다.

Musée de Picardie
2 Rue Puvis de Chavannes
80000 Amiens

루브르가

옛 갱도를 만날 때

12

루브르 - 랑스

Le Louvre-Lens, Lens

북쪽은 광산촌이었다네.
땅은 석탄이었고
하늘 대신 지평선이 보였으며
사내들은 갱내 광부들이었네.

Au nord, c'étaient les corons
La terre c'était le charbon
Le ciel c'était l'horizon
Les hommes des mineurs de fond

1982년에 발표된 피에르 바쉴레 Pierre Bachelet 의 노래, <Les Corons>의 첫 소절이다.'당시에 꽤 유행하던 가요라 프랑스 북부가 우중충하고 살기 힘든 탄광촌이란 클리셰를 강화했지만, 이 노래가 현재까지 대중의 기억에 남은 진짜 이유는 프랑스 축구 리그 1의 '피와 금'이란 별명을 가진 유명한 축구팀 'RC 랑스' 팬들의 응원가이기 때문이다.

RC 랑스의 연고지인 랑스는 18세기부터 1960년대까지 탄전 지대였던 파드 칼레 지역의 도시이다. 19세기 중반부터 주변의 산업 공단에 석탄을 공급하기 위해 랑스 시내에도 우후죽순으로 채굴이 진행됐고, 1890년에 도심에 9번 수직갱이 뚫렸다. 605미터까지 내려가는 이 갱도 주변으로 노동자 거주지, 사교 장소와 학교를 아우르는 광산촌이 형성됐다.

하지만 전세계적으로 석탄 사용이 점차 줄어들자 지역의 많은 탄광이 문을 닫아야 했고, 9번 수직갱 역시 1960년에 폐광됐다. 1980년에 갱도가 완전히 매립된 후 검은 편암으로 뒤덮인 언덕 위로 자연이 조용히 자리를 잡았다. 사십 년이 더 지난 오늘, 작은 숲처럼 우거진 오솔길을 따라 낮은 언덕을 오르다 보면 정상의 초목 사이로 낮고 광활한 건물이 나타난다.

알루미늄 재질의 벽은 마치 오래된 거울처럼 은색으로 빛나며 잘 가꾼 정원과 주변 경관을 비춘다. 통유리로 둘러싸인 입구로 들어가 검색대를 지나니, 넓은 로비에서 매표 카운터, 서점, 카페가 관람객을 맞이한다. 마치 공항처럼 생긴 이곳은 사실 프랑스에서, 혹은 세계에서 가장 유명할 루브르 박물관이다. 무슨 뚱딴지같은 소린가 싶을 수도 있지만, 2012년에 개관한 이 뮤제는 파리 루브르 박물관의 분관인 루브르 - 랑스라고 한다.

루브르 - 랑스는 프랑스 북부에서 미술사를 공부하는 대학생이라면 필수적으로 들러야 했던 곳이라 내게도 익숙하다. 오늘은 매표 후 곧바로 지하로 내려가서 긴 유리 벽 너머로 수장고를 보는 것으로 관람을 시작한다. 거대한 수장고의 철제 진열장에 보관된 작품을 보고 있으면 마치 연극배우를 무대가 아닌 길거리에서 만난 것처럼 친숙하게 느껴진다. 청주의 국립 현대 미술관처럼 한국에서도 많은 뮤제가 이 '보이는 수장고' 방식을 채택해서, 박물관이 전시만이 아닌 보존을 위한 공간임을 직접적으로 이해하도록 돕고 있다.

수장고를 보며 긴장을 풀었으면 다시 올라와서 시간의 갤러리 Galerie du temps 라고 쓰인 문으로 향한다. 들어서자마자 환한 빛 속에서 120m 길이의 긴 복도가 펼쳐진다. 이 길쭉한 상설 전시장에는 파리 본관에서 온 이백오십여 점의 소장품을 시대순으로 진열했다. 시간의 갤러리라는 이름에 걸맞게 문자의 발명부터 산업 혁명이 일어난 직후까지 5,000년의 역사를 담은 타임캡슐이다.

메소포타미아와 고대 이집트의 유물을 시작점으로 그리스 및 지중해 문화권의 조각과 모자이크가 나타나고, 더 나아가면 색채가 아주 다른 알프스 이남의 유럽과 이슬람 문화권의 예술품이나, 오세아니아나 중남미 지역에서 쓰던 제사 용품이나 가면이 보인다. 끝에 가까워질수록 근대 유럽이나 오스만 제국의 회화와 조각상, 그리고 동시대의 서아프리카와 동아프리카에서 온 신상 등 다양한 오브제가 놓여있다. 이 중에선 세계적으로 유명한 루브르의 명작도 많다. 여길 처음 방문했을 땐 우리가 교과서에서도 자주 보는 외젠 들라크루아의 <민중을 이끄는 자유의 여신(1830년)>이 갤러리 마지막을 장식했던 기억이 난다.

한곳에 모여있는 동시대 예술 작품들을 비교하며 보다 보면 그 시기에 다양한 지역이 어떻게 문화적으로 소통하거나 차이점을 만드는지 직감적으로 이해하게 된다. 이집트 인물상과 비슷하게 정적인 포즈를 표방하던 그리스 조각이 내가 앞으로 나아갈수록 동적으로 바뀌는 것처럼 말이다. 덩달아 이곳은 내가 예술사를 논할 때 얼마나 유럽 위주로 사고하는지 깨닫게 했다. 누군가 내게 19세기 초반 예술 작품의 예를 들라고 하면 유럽 신고전주의 회화부터 떠올리지, 서아프리카 기니의 부족이 만들던 가면을 생각하지 않을 것 같다. 분명 이 전시실에서 둘은 같은 시간상에, 바로 옆자리에 놓여있는데도 말이다.

이러한 진열법의 또 다른 장점은 파리의 본관에서는 자주 잊히는 예술 사조도 주목받을 수 있다는 것이다. 프랑스에서 가장 거대한 파리의 루브르는 세 갈래의 관으로 나뉜다. 그중에서도 그리스·로마 조각상과 이탈리아 르네상스, 프랑스 19세기 작품을 중점적으로 다루는 드농관에 <모나리자> 같은 세계적으로 유명한 작품이 모여있다. 적지 않은 관람객이 드농관을 관람하고 난 후 너무 지쳐서 나머지 두 관에 있는 중세 시기의 유럽, 중동, 오세아니아 등지의 예술은 보지 못하고 루브르를 떠난다.

루브르 - 랑스에선 소외되는 작품은 없다. 한 시대나 문화권을 대표할 만한 예술품만을 엄선해서 가져오다 보니 전시물 수는 본관보다 현저히 적지만, 오히려 그래서 지치지 않고 모든 작품을 알차게 관람할 수 있다. 한 작품에 엄청난 관심을 가지고 몇 분씩 감상하지 않더라도, 시야에 들어온 단 몇 초 만에 우리의 뇌는 많은 정보를 저장한다. 생소한 예술 앞에 서는 것은 그 자체로도 더 폭넓은 데이터 베이스를 구성하는 행위이다.

시간의 갤러리에는 유아차와 휠체어를 이용하는 관람객이 많다. 그러고 보니 지하층을 제외하면 이 박물관엔 다른 층이 없다. 현재 일본을 대표하는 건축가인 니시자와 류에와 세지마 가즈요가 공동 설립한 SANAA가 이 뮤제의 건설을 맡게 됐을 때 가장 중요하게 여긴 요소가 접근성이었다. 시선이 수평이 됐을 때 우리의 움직임도, 사고하는 방식도 달라지기에, 고전적인 층계 구조 대신 1층 건물을 만들었을 것이다. 관람을 끝내고 나서 왔던 길을 다시 돌아가야 한다는 단점은 있지만 더 많은 이의 편리함을 위해서라면 사소한 불편함이다.

모든 사람이 이 뮤제에 항상 긍정적인 평가를 내리진 않는다. 당장 내 주변 사람들에게 물어보더라도 호불호가 확연히 갈린다. 고전적이고 웅장한 루브르를 기대했다가 지나치게 현대적인 건축물에 실망했다거나, 한 공간에 너무 많은 오브제가 흩어져 있어서 집중할 수 없다는 평도 많이 들었다.

그 외에도 아쉬운 점은 콘텐츠 접근성이다. 전시실 내부 설명 캡션만 떼어 보면 너무 두루뭉술한 역사적 문맥만 명시돼 있고, 그 점을 이해하기 힘들어서 음성 안내를 무료로 대여하면 녹음된 해설은 고차원적으로 학술적이다. 관람객 질문에 답해 줄 해설사 투어는 하루에 한 번뿐이고, 어린이를 위한 자료도 솔직히 흥미를 끌만큼 재밌지 않다. 파리 본관의 단점이기도 한 관객과의 소통과 인간적 연결고리의 부족함이 여기서도 나타난다.

출구로 나가면 전체가 통유리인 '유리의 파비용(정자처럼 본 건물에서 세분되어 나온 부속 건물) Pavillon de verre '에 다다른다. 여기선 항상 소규모 전시회가 열리는데, 이번 특별전은 팬데믹과 사회적 격변을 살고 있는 젊은이들이 일상을 바라보는 태도를 주제로 구성했다. 다양한 매체가 뒤섞인 이 조용하면서도 재치 있는 전시 공간은 지역에 사는 17살부터 25살까지의 청년들이 구상하고 제작했다. 그들이 느꼈을 외로움, 희망, 회의감이 작품마다 묻어난다.
개관한 첫해에 이 파비용에서 랑스의 축구팀 특별전을 하던 것이 기억난다. 루브르라는 점잖은 이름표를 단 뮈제에서 축구라는 너무 대중적이고 익숙

한 소재를 다루니 처음엔 조금 당황스러웠다. 전시실 한가운데에서 어떤 선수의 유니폼이나 RC 랑스 팬이 보도 자료 사진을 오려 붙여서 만든 조그마한 제단을 보며, 단순하고 일상적인 것도 박물관의 조명을 받으면 고뇌와 관찰의 대상이 된다는 걸 상기했다. 축구가 종교와도 같은 도시민에게 호감을 사기에 이보다 더 좋은 방법이 어딨을까?

루브르가 랑스 주민의 마음을 사기 위해 기울인 이런 노력은 나 같은 외지 사람들이 보기엔 유난스럽게 느껴진다. 심지어 처음엔 랑스 시市의 짝사랑으로 시작한 이야기이기에 더 그렇다. 2000년대 초반에 프랑스 정부는 문화생활의 대중화를 목표로 파리의 대규모 문화 시설을 지방으로 분산시키기로 하고, 2003년에 루브르의 분관 프로젝트를 발표했다. 지원서를 낸 여섯 도시 사이에서 랑스는 유독 실업률이 프랑스 평균보다 훨씬 높고, 젊은 이들이 꾸준히 다른 대도시로 떠나서 인구수도 가장 적었다. 전환의 불씨가 절실했던 랑스시는 시민에게 서명까지 받아 가며 프로젝트 추진에 열정을 보였고, 결국 루브르는 랑스의 손을 들었다.

언론에선 이 결정을 두고 거대 유명 문화 시설을 유치해서 한 도시의 경제적 쇠락을 막는 '빌바오 효과*'라 평했다. 물론 개관한 지 십 년이 된 지금은 랑스에서 주말을 보내는 여행객도 늘었지만, 두 번째 루브르는 곧바로 도시에 경제적 번영을 가져오지 않았다. 루브르 - 랑스와 같은 시기에 프랑스 동북부 메스 Metz 라는 산업도시에 조르주 퐁피두 센터 2호관을 설립하는 작업을 진행했는데, 대성당이나 아름다운 구도심을 지닌 메스와 달리 랑스에는

---

*유럽의 탈공업화로 인해 심한 경제적 타격을 입은 에스파냐의 도시 빌바오에 세계적인 명성을 가진 뉴욕의 구겐하임 미술관의 분관을 건설해 이미지 전환에 성공한 사례로 인해 만들어진 용어. 구겐하임 현상이라고도 한다.

외지인이 알 만한 관광자원이 너무나 적었다. 박물관 관람을 끝낸 여행객은 주로 주변 대도시에서 숙식을 해결했기 때문에, 초반 몇 년간 랑스의 음식점과 호텔은 기대했던 만큼 이익은 얻지 못했다고 한다.

이 프로젝트의 중점은 루브르라는 이름표로 무너져가는 도시에 자부심을 돌려주되, 이후에 박물관의 성공과는 별개로 랑스가 자립할 수 있게 돕는 것이었다. 그러기 위해선 랑스에 붙어있던 부정적인 꼬리표를 떼어내면서도 탄광 도시의 과거를 지우지 않아야 했다. 그래서 입구 로비의 통유리창 앞에 서면 140m 높이의 쌍둥이 폐석 더미가 곧바로 보이고, 박물관 정원에는 움푹 파인 9번 갱도의 터가 남아있다. 뮤제가 개관하던 해에 랑스 주변 지역의 탄광촌이 유네스코에 등재되며 탄광 산업 역사를 재발굴하는 계기가 된 것이 우연은 아니다.

이 프로젝트의 또 다른 목적은 문화생활에서 소외된 시민들에게 프랑스에서 가장 유명한 컬렉션을 즐기게끔 돕는 것이다. 프랑스에 가면 루브르는 필수라고 생각하는 우리에겐 놀라운 일이지만, 이 지역에는 경제적인 이유나 사회적인 고정관념 때문에 파리의 루브르를 한 번도 못 가본 사람이 생각보다 많다. 지방에 산다는 것은 파리까지 가는 교통비와 숙박비를 지불해야 한다는 뜻이고, 루브르 관람이 그 정도의 가치가 있을지 도박을 할 수 없는 이들이 있다. 10년 전 프랑스에서 박물관을 관람하는 주요 계층이 중산층, 중간 간부직 이상이었던 데 반해, 랑스 주민의 대부분은 문화생활과 고등교육의 혜택에서 소외된 저소득 노동자 계층이었다.

랑스는 루베의 라 삐씬 박물관에서도 언급했던 시민과 문화생활의 단절을 오랫동안 겪고 있었다. 루브르가 들어서기 이전까지 랑스와 그 주변 도시에는 뮤제가 없었기에, 이곳에서 박물관은 이질적인 요소였다. 파리의 본관과

친숙하지 않은 주민들에게 최대한으로 다양한 수장품을 선사하기 위해 2년에 한 번 상설전 내용이 바뀐다. 주민들이 비용 걱정을 하지 않고 들를 수 있도록 개관부터 지금까지 특별 전시관을 제외한 모든 박물관을 무료로 개방하고, 축구나 팬데믹 등 지역 사회에서 친숙한 소재를 소규모 특별전에서 다루기도 한다.

그래서인지 입장객의 70%가 랑스 및 오 드 프랑스 지역의 주민들이고, 이웃 나라인 벨기에와 네덜란드인이 대부분인 해외 관광객은 겨우 15%밖에 되지 않는다.** 외국인이 입장객의 60%를 넘게 차지하는 파리의 본관과 확연한 차이가 난다. 해당 지역의 관람객 중 4분의 1이 26살 미만의 청소년으로, 이들은 이미 유치원이나 초등학교 때부터 매번 견학하러 온 루브르 - 랑스에 익숙해져 수업시간이 비거나 여유가 있을 때 이 뮤제에 들르곤 한다.*** 청소년들이 부모와 조부모 세대를 동행해서, 이전 세대가 아직도 해소하지 못한 박물관에 대한 경계심과 거부감을 덜어주고 있다.

** Martine Robert, "Dix ans plus tard, le bilan positif du Louvre - Lens", 2022년 12월 2일자 Les Echos 기사
*** Niklas Mönch, "Musée du Louvre - Lens : dix ans et un bilan contrasté", 2022년 5월 3일자 France Culture 기사

현대적인 외모와 색다른 전시방식을 지닌 루브르 - 랑스는 파리의 루브르와 닮지 않았고, 앞으로도 그럴 것이다. 개선해야 할 것도 산더미 같지만, 슈퍼스타의 거만함을 모두 포기하지 못한 채로 옛날 탄광촌의 과거와 현재를 보듬으려 노력하는 루브르를 너무 차가운 눈으로 보지 않으려 한다. 전 세계 옛 채굴 산업의 유산이 갈수록 희미해지는 오늘날, 루브르 - 랑스의 알루미늄과 유리로 된 벽에는 랑스의 하늘과 두 폐석 더미가 소중히 담겨있다.

2017년에 아랍 에미리트의 아부다비에서 세 번째 루브르가 생겼고, 한국에도 부산광역시에서 조르주 퐁피두 센터 분관을 유치하려는 움직임이 있다고 하니, 유명 박물관의 분관화가 우리에게도 더 이상 낯선 개념은 아니다. 다만 국제적 스타성을 가진 '상표'가 도시에 어떤 것을 가져올지 계산하기 전에, 내 도시가 뮤제라는 그릇에 무엇을 담을 수 있을지도 질문했으면 한다. 탄광의 역사를 비롯한 모든 도시의 역사는 5,000년 인류의 역사만큼 스포트라이트를 받을 자격이 있다. 어떤 도시든 더 넓은 세상의 역사를 반영하기 마련이기에, 세상의 모든 루브르와 모든 퐁피두 센터에 무엇이 담겨있을지 궁금해진다.

Musée du Louvre-Lens
99 Rue Paul Bert
62300 Lens

200년 된
뮤제에서

호기심의 문을 열다

13

릴의 자연사 박물관

Musée d'Histoire Naturelle, Lille

많은 아이들이 그렇듯 나도 어렸을 때 동물을 좋아했다. 특히나 투구게나 실러캔스같은 오묘하게 생긴 수중생물이 나를 매료했다. 그런 수중동물은 보통의 수족관이나 동물원 말고 과학관이나 자연사 박물관에 화석으로 전시되곤 했다. 그러고 보면 어렸을 적에는 자주 자연사 박물관에 갔던 것 같은데, 어른이 되고 나서는 거의 들르지 않는다. 그나마 몇년 전 '박물관의 밤 La nuit des musées (5월 세 번째 주 토요일에 박물관을 무료로 야간개장하는 유럽 단위의 행사)' **당시 릴 자연사 박물관에 들른 게 전부다. 마지막 자연사 박물관에 대한 흐릿한 기억을 되살릴 겸 릴 중심가로 향했다.**

릴 미술궁에서 멀지 않은 라틴 쿼터(대학이 밀집한 구역)를 거닐다 보면 '자연 과학 대학'이라고 새긴 높은 석조 문 앞을 지나가게 된다. 1816년 '과학, 농업 및 미술 협회'의 주도로 문을 연 오늘의 뮤제

릴 미술궁

는 1850년대부터 교육 목적으로 자연과학대 건물 한켠에 자리잡았다. 대부분의 대학이 라틴 쿼터를 떠나 좀 더 외진 구역의 현대적인 캠퍼스에 안착한 후로 이곳은 온전히 박물관 자리가 되었다. 취재를 간 날은 뮤제의 보수공사가 끝나고 재개관한 지 몇 달 되지 않은 시기였다. 거의 200년 된 박물관이다보니 예전에 들렀을 땐 전시 방식이나 설명 방식에 있어 '고풍스러운 만큼 고루하다'는 인상을 줬는데, 여덟 달에 걸친 보수공사가 어떤 변화를 가져왔는지 볼 좋은 기회였다.

처음으로 눈에 띄는 변화는 입구의 위치이다. 입구가 다른 쪽 길목으로 나

있던 때는 문을 열자마자 전시실이 나와서 매표도 불편하고 준비 없이 관람을 시작하는 느낌이 들었는데, 옛 자연과학대 입구로 안내 데스크를 옮기며 로비도 이전보다 훨씬 크고 안락해졌다. 입

구부터 진열장을 놓고 거기에 릴의 유치원생과 초등학생이 만든 상상의 동물을 전시하고 있었다. 초록색 벽과 정글을 떠올리게 하는 천장화가 오래된 몰딩과 우아하게 어우러지는 로비를 벗어나 정원을 가로지른 후 천천히 중앙 전시장으로 들어간다.

안으로 들어가 고개를 들자마자 이전처럼 홀 양쪽으로 길고 높게 설치된 고풍스러운 복층 철조 복도가 양 옆으로 길게 이어지며 깊이감을 만들어 낸다. 복층 높이에서 향유고래와 큰고래 등 수중 포유동물의 골조와 실제 크기 모형이 허공을 헤엄치고 있었다. 입체적인 소장품을 이용한 역동적이고 극적인 연출은 자연사 박물관의 강점이기도 하다. 천장이 수중 동물의 차지라면 지상은 금룡(Iguanodon bernissartensis, 엄지에 뿔이 달린 백악기 초기의 파충류)과 늑대와 곰 같은 이른바 '카리스마 있는 종'의 무대이다.

자연사 박물관은 어린 관람객이 지구와 생물의 역사를 처음으로 접할 수 있는 공간이다. 이곳의 컬렉션은 동물학과 지질학을 중심으로 구성되어 있는데, 입구에서 오른쪽은 지질학과 자원의 역사 별관이다. 여기에 지구와 생물의 탄생을 설명하는 비디오나 모션 센서로 작동하는 음향 효과도 더해져

서 관람객들의 호기심을 자극한다. 나머지 공간은 1층의 곤충 사육관이나 복층의 파충류, 어류, 조류 등의 박제 표본이나 동식물 화석이 차지하고 있다. 전시실 중앙의 거대한 사육장에서는 남미에서 온 개미 가족이 열심히 이파리를 뜯어서 개미집으로 가져간 뒤 그 위로 버섯을 재배하는 것을 관찰할 수 있다.

공룡 모형이나 늑대 전시장 주변으로 잔뜩 신난 높은 목소리가 울려 퍼진다. 몇 분 동안 쭈그려 앉아 개미만 보는 아이도 있다. 방학 기간이라 그런지 전시실은 어린 관람객을 대동한 가족들로 북적였다. 아주 어린 유아부터 청소년까지 쉬지 않고 질문을 하면서 전시실을 누빈다. 미술관이나 다른 박물관에서 일할 때도 이 나이대의 관객이 저렇게 집중하는 모습은 보기 힘들다. 배경 지식이 있어야 편히 볼 수 있는 고전 예술 작품과는 달리 여기에는 살아있는 곤충들과 만지고 경험할 수 있는 장치가 있다. 십 분에 한 번은 '만지지 마세요'하고 혼이 나는 다른 뮤제보다 더 좋을 수 밖에….

몇 년 전과 비교해보니 키가 작은 관람객들을 위해 높은 진열장 앞에 발받침이 더해진 것을 확인할 수 있었다. 곤충이나 조류 파트엔 해당 동물의 눈으로 세상을 볼 수 있는 망원경도 설치했다. 글로만 알았던 '새는 시야가 300° 정도로 우리의 시야보다 더 넓지만 인간처럼 입체적으로 보지는 못한다'는 사실을 이 망원경을 사용해 직접 경험해보니 머리에 쏙 들어온다. 어린이의 키에 맞춰진 망원경을 어른이 보려면 무릎을 꽤 굽혀야 한다. 전시장에 붙어있는 대부분의 설명도 내 눈높이에서 조금 낮게 설치되었다.

이번 재정비를 통해 그동안 공간 부족으로 조명받지 못했던 소장품들을 위한 작은 전시공간을 추가했다. 이를테면 이전 세대가 단순한 불가사의나 재앙으로 취급했던 기형학을 다루는 복층의 '불가사의한 해부학' 전시장처럼 말이다. 이곳에 전시된 다리가 네 개인 병아리나 머리 하나에 몸은 둘인 소 표본은 기묘함과 독특함에 매료된 19세기 사람들의 주된 수집 품목 중 하나였다. 전시장 유리에 붙어있는 캡션 글귀가 친절하지만 단호한 말투로 과학이 발전한 오늘날 기형은 공포의 대상이 아니라고 설명한다.

인류학, 기술학과 관련된 기묘한 수집품을 섞어놓은 '호기심의 코너(박물관의 전신인 '호기심의 방'에서 기인)' 역시 중앙 홀에 추가한 공간이다. 19세기 프랑스인들의 이국적 문명과 생태계를 향한 열망으로 수집했던 특이한 인물상이나 뿔이 난 고둥같은 물품들을 책상 하나 위에 빡빡하게 배치해 놓았다. 전시와 다목적 공간을 추가하기 위해 2024년부터 2025년까지 다시 대규모 공사에 들어갈 예정이라 하니, 몇 년 후에 이 뮤제가 어떻게 진화할지 궁금해진다.

새로 더해진 공간까지 봤으니 이 박물관에서 가장 유명한 전시실로 향한다. 아직 박물관 건물이 없어서 시청 건물 한 구석을 빌리던 19세기 초반부터, 이 뮤제는 릴을 소개하는 여행 책자마다 소개될 정도로 유명했다. 당시 뮤제는 상당한 양의 곤충 표본, 원숭이와 왕범 박제, 이집트 테베의 미라를 포함하는 이국적이고 눈길을 끄는 다양한 소장품을 소유하고 있었는데, 19세

기 여행 가이드에서 가장 집중적으로 소개하는 부분은 의외로 조류 컬렉션이었다. 전문가들에게 프랑스에서 가장 아름다운 유럽 조류 박제 컬렉션 중 하나라고 여겨지던* '새들의 방'으로 들어가 본다.

다각형의 방 안에 여러 대의 높은 유리 전시장이 줄지어 서 있고, 그 안에 새 1800 마리의 박제가 보존되어 있다. 뮤제의 창설 협회인 과학, 농업 및 미술 협회의 맴버였던 꼼 다미앙 드글랑 의사가 수집한 것으로, 오늘날에도 그가 분류했던 방식 그대로 전시되어 있다. 왼쪽에서 오른쪽으로 맹금류, 비둘기류, 닭류로 시작해 마지막엔 오리 등 물새류로 끝나고, 같은 종 안에서도 주

---

*Simon BLOCQUEL, Guide des étrangers dans Lille, 1846년, 81쪽.

행성과 야행성으로 분류된다. 이곳의 유럽종 535개 표본 중에 대다수가 북 프랑스에 서식하던 종이어서, 과거에 프랑스 북부에 어떤 새들이 살았고 사라졌는지 알 수 있는 지표가 된다.

복층 복도에 전시된 극락조와 달리 이 방의 새들는 딱히 이국적이진 않다. 정말 프랑스 어디서나 볼 법한 평범한 조류들이다. 압도적인 표본 양이 확실히 경외심을 불러일으키긴 하는데, 새를 잘 몰라서인지 모두 비슷비슷하게 보인다. 찬장의 접시처럼 빽빽하게 진열된 박제 사이에서 무엇을 집중해서 봐야 할지 알 수가 없었다. 간혹 박제가 소품과 함께 연출되어 있으면 그럭저럭 재밌게 볼 수 있었다. 오히려 그 다음 전시실에서 본, 정말 숲에 온

것처럼 거대한 포유류 디오라마(3차원의 실물 혹은 축소 모형)에 매료돼서 새들의 방은 금방 잊고 말았다.

나에게 큰 감흥을 주지 못한 이 공간이 왜 지금까지 각광받나 의아해하고 있을 때, 불현듯 나보다 몇 살이 많고 릴 주변에서 나고 자란 박물관 동료와 취재 전에 했던 대화가 떠올랐다.
"이 지역에서 초등학교 나왔으면 거기로 견학 한 번은 가보지 않나? 어렸을 때 그 '새들의 방'이 너무 인상에 깊게 남아서 한동안 새를 관찰했어. 거기가 그 박물관 최고의 전시실일거야."
"그럼, 내 조카도 그 방을 어찌나 신기해 하는지 몰라. 조카녀석이 내 추억의 장소를 똑같이 좋아하는데 기분이 묘하더라고."

둘은 이곳에서 자라지 않은 사람은 느끼지 못할 향수에 젖은 말투로 이야기했다. 어린 시절의 공간이 사라지지 않고 여전히 현실에 존재할 때의 안도감이나 자긍심도 느껴졌다. 비단 19세기 조류 전문가들에게만이 아니라, 현대의 릴 주민에게도 이 방은 큰 자랑거리였나보다. 만약 내가 어렸을 때 새들의 방을 봤다면 내 키의 몇 배가 되는 장식장에 셀 수 없을 정도로 많은 새를 보고 경이로움에 압도당했을지도 모른다. 주변 어른들에게 꾸준히 전시실에 대한 칭찬을 듣고 자란 어린이였다면 감동은 배가 됐으리라. 열정은 몇 세대를 지나 대물림되어, 이곳을 방문한 어린이가 다 자란 뒤 다른 어린이 손을 잡고 새들의 방으로 돌아오기를 200년 동안 끊임없이 반복하고 있다.

박물관 측에서도 보수를 하며 이 방의 미장센을 더 현대적으로 바꿀 것인지를 논의했다. 많은 반론과 고뇌에도 불구하고 결국은 주민들이 이 컬렉션에 가진 깊은 애정에 답하기 위해 이 공간을 수정하지 않기로 결정했다. 현대 박물관학 기준에 맞지도 않고, 우리의 시야를 피곤하게 하는 밀집된 진열을 고집하게 만드는 릴 주민의 유별난 자연사 박물관 사랑이 조금 부러워졌다. 내가 나고 자란 도시의 어떤 뮤제가 나에게 이런  존재였을까? 이번 리모델링을 통해 전시 공간을 추가하고 멀티미디어 장치도 설치했지만, 주요 전시관은 건들지 않았단 것이 릴에서 가장 오래 사랑받고 있는 뮤제의 자신감 표현 같다.

어느 목요일에 사진을 더 찍기 위해 다시 자연사 박물관에 들렀다. 퇴근 시간이 얼마 남지 않은 오후 4시 25분이라 견학 온 학생이나 가족들은 이미 자리를 뜨고, 평소보다 조용한 뮤제에 어른들만이 남았다. 꽤 지쳐 보이던 네덜란드어를 쓰는 중년의 남녀, 갓 대학생이 된 것 같은 커플, 십여 분간 꼿꼿이 서서 사슴 박제를 스케치하던 잘 차려입은 청년, 나처럼 사진기들 들고 이곳 저곳을 배회하는 사람 셋, 그리고 마감 직전까지 자리에 앉아 함께 영상을 보고 계시던 나이 지긋한 여성 두 분.

마지막으로 한국에 들렀을 때 나의 어릴 적 성지였던 대전의 국립 과학관에 들렀던 기억이 났다. 수많은 관객 사이에서 나는 아이를 동반하지 않고 심지어 부모님을 대동한 유일한 어른이었다. 다 큰 어른이 이런 곳에 왔다는 부끄러움보다 내 지식이 더 이상 과학관을 즐길 정도로 풍요롭지 못한 것이 속상했다. 어릴 적에 공룡 이름을 외우고 지구의 역사를 꿰던 우리는 자라며 자꾸만 과학에서 멀어진다.

지금의 나에겐 삶 속에서 얻은 다양한 경험이 있지만, 과거의 나에게 과학은 세상을 이해하는 수단이었다. 그렇기에 자연사 박물관의 주 관람객이 어린이인 것이다. 많은 콘텐츠는 노골적으로 아이들의 눈높이에 맞춰져 있어서 대부분의 특별전은 어른들에겐 시시하고, 몇몇 멀티미디어 장치는 성인이 사용하기엔 불편하다. 하지만 나를 포함해 뮤제를 찾은 어른 손님은 크게 불평하지 않는다. 모두 아이들 못지 않은 집중력과 빛나는 눈으로 이 공간과 소통 중이었다. 어쩌면 이 중에 몇몇은 오래 전에 이 뮤제의 단골이었을 수도 있다. 릴에서 가장 오래된 뮤제인 자연사 박물관은 오랫동안 도시의 과학과 교육의 장이었다. 하지만 오늘날에도 여전히 릴의 자부심으로 남을 수

있었던 것은 오래 전부터 아이들의 마음을 사로잡았기 때문이다.

이번 리모델링으로 전시 공간을 추가하고 멀티미디어 장치를 여러 군데 설치했지만, 주요 전시물은 온전히 보존해 놓은 것이 이 뮤제의 자신감이라고 느꼈다. 어린 관람객에 집중해 공간을 설계하되, 오래 전에 어린이였던 이의 감정 또한 무시하지 않는다. 아이들이 새로운 것을 경험하는 동안 어른들은 그리운 것을 되찾는 안도감을 느꼈을 것이다. 그리고 사실 아이들 만큼 어른들도 만질 수 있고 소리나는 장치를 좋아한다. 관람객을 잘 파악하고 그들의 요구에 맞는 것을 제공하는 것이 이 뮤제가 오래 사랑받는 비결인 듯 하다.

요새 자꾸만 어린이의 눈높이에 맞춘 장소가 사라지는 것 같다. 어린 시절의 경험은 우리의 근간이 되어 새로운 것을 시작할 용기를 주고, 어른이 됐

을 때 뮤제까지 가게 만드는 원동력으로 작동한다. 예전에 많은 뮤제를 누비며 상상의 나래를 펼쳤던 사람으로서, 나는 이 박물관이 내 눈높이에 맞춰져 있지 않아도 꾸준히 어린이에게 호기심의 세계로 가는 문을 열 열쇠를 건네주길 바란다. 그 열쇠를 잃어버리지 않는 한, 그 세계에 질리지 않는 한, 열쇠를 받은 어린이는 몇 년 후에도 다시 돌아올 것이기 때문이다. 오늘도 어린이가 박물관의 가장 큰 아군이라는 사실을 다시 되뇌인다. 너무 자라버린 내 마음 속의 아이에게 용기를 돌려주기 위해 앞으로도 계속 미지의 뮤제를 발견하러 가야겠다.

Musée d'Histoire Naturelle de Lille
23 rue Gosselet
59000 Lille

닫힌 문 뒤로 펼쳐지는 미지의 세계

14

생토메르의 앙리 뒤퓌 박물관

Musée Henri Dupuis, Saint - Omer

호기심의 캐비넷, 혹은 호기심의 방이라는 말을 들어 본 적이 있는가? 릴의 자연사 박물관을 소개하며 잠깐 썼던 단어다. 15세기 말, 유럽인은 다른 대륙을 발견하며 '외부'에 대한 호기심을 키워갔다. 새로운 문화, 새로운 생태계는 그들을 매혹했고, 다양한 분야의 발견과 탐구를 향한 욕망은 커져갔다. 이때 이탈리아 북쪽에서 작은 서재를 지적 향유를 위한 "스튜디올로 studiolo (작은 서재)"로 탈바꿈하는 것이 유행한다.

스튜디올로의 주인은 매일 자신만의 공간에서 자연과 인간의 창조물을 바라보며 경탄할 수 있게 크고 작은 물품들을 알맞은 장 안에 전시했고, 수집품을 최상의 상태로 보존하기 위한 방법을 연구했다. 이 현상이 유럽 전역으로 퍼지며 생성된 또 다른 단어가 "호기심의 캐비넷 cabinet of curiosity"이다.

© Wikipedia Public Domain/ Didier Descouens

호기심의 캐비넷을 가장 잘 나타내는 사료는 덴마크의 의사이자 수집가였던 올러 보옴 Ole Worm 의 서재를 묘사한 <Musei Wormiani Historia(1655년 발행)>의 표제 그림일 것이다. 이 방 안에는 유럽에서 보기 어려운 악어 박제나 조개, 다른 문화권의 무기 등이 어지럽게 걸려 있다. 현대의 기준으로 보면 조금 혼돈스러운 정리 방법이지만 나름 분류도 되어있다. 오늘날처럼 사진이나 영상이 없던 시절에 수집은 관찰의 기본이 되었고, 호기심의 캐비넷은 곧 수집가의 지적 모험심을 보여주는 척도가 되었다.

한 사람의 호기심을 위해 설계됐던 방은 훗날 대중을 위한 박물관의 기원이 된다. 대다수의 초기 박물관이 수집가들의 도움으로 수장고를 채웠다. 그중에서도 자연을 축소해 놓은 듯한 19세기의 자연사 박물관은 유독 호기심의 캐비넷 직계 후손처럼 여겨진다. 프랑스에선 이 시기에 세워진 자연과학 박물관을 특별히 뮤제움 muséum 이라 부르기도 한다. 늦봄에 다녀온 파 드 칼레 지역의 한 뮤제움 역시 어떤 수집가의 열정으로부터 태어났지만, 릴의 자연사 박물관과 조금 다른 역사를 가지고 있다. 현재는 가고 싶어도 갈 수 없는, 닫혀있는 뮤제이기 때문이다.

영불해협에서 멀지 않은 도시 생토메르의 중심가는 높고 좁은 골목이 거미줄처럼 이어져 있다. 뜨거운 햇빛을 막아주는 골목길을 거닐다 보면 쉽게 육중한 목조 문 앞에 다다르게 된다. 생토메르 시립 박물관 둘 중에서 자연사 박물관 역할을 맡고 있는 앙리 뒤퓌 박물관의 출입문이다.

꽤나 더운 5월에 정말 감사하게도 근처 시립 박물관인 오텔 상들랭 박물관과 오늘의 뮤제 관장직을 겸하고 계신 로맹 사프레 씨가 취재를 돕기 위해 바쁘신 와중에 직접 와주셨다. 현재 뒤퓌 박물관은 이 분의 열쇠가 없으면 들어갈 수 없다. 이 열쇠가 오늘 우리를 오랜 시간 잠들어 있던 아주 비밀스러운 공간으로 안내할 것이다.

굳게 닫힌 문을 조심스레 열고 들어서니 창문이 모두 닫혀 있어 어두운 현관에 여우 박제와 오래된 궤가 길을 가로막고 있었다. 이 소품들은 방탈출 프로그램을 위해 잠시 이곳에 배치된, 이 거대한 저택의 주인이었던 앙리 뒤퓌의 유품이다. 부유한 금리 생활자인 앙리 뒤퓌(1819~1889)는 자기 돈을 모두 수집에 쏟아부은, 이 근방에서 이름난 수집가였다. 세밀한 정물화를 그리는 아마추어 화가였던 그는 젊은 나이에 이 지역의 자연, 특히 고생물학에 깊은 관심을 가지고 젊은 나이에 수집을 시작했다. 평생 만 점이 넘는 예술품과 장식품, 화석, 조개 껍데기, 박제 등을 모으게 된 뒤퓌의 저택은 곧 거대한 호기심의 방이 되었다.

바이욀의 브누와 드 퓌트처럼, 뒤퓌는 사망 직전에 저택과 소장품을 시에 증여했다. 그의 사망 5년 후인 1894년부터 저택은 시립 박물관으로 지정됐다가, 1950년에 회화 및 예술품 컬렉션이 멀지 않은 상들랭 저택으로 옮겨지며 이곳은 온전히 자연사 박물관이 됐다. 하지만 1970년대 착수한 보수공사로 인해 건물 내부가 이전과는 굉장히 다른 모습으로 변했다고 한다.

화려했던 저택은 해진 벽지와 석고가루 묻은 바닥 탓에 을씨년스럽지만 사슴 머리로 장식된 2층 복도는 여전히 가주의 수집가다운 면모를 간직하고 있다. 계단 바로 반대편에 위치한 광물학의 방은 뒤퓌가 생전에 전시한 방식 그대로 남은 몇 안 되는 전시실 중 하나다. 벽을 둘러싼 높은 진열장에 사파이어, 금, 석영이나 준보석, 황철광 같은 광물 오천여 점이 정갈하게 놓여있다. 각양각색의 오브제가 별자리처럼 빛난다. 이 수많은 표본을 분류하고 정리하기 위해 얼마나 많은 시간을 들였을까? 시가 기증을 받거나 구매한 다른 수집가의 수집품 백여 점을 제외하더라도 홀로 모았다는 것이 믿기지 않는 규모다.

이 오래된 전시장은 뒤퓌의 전시 방식을 잘 나타낸다. 표본의 크기가 너무

작으면 연고 케이스 같은 작은 원형 틀 안에 고정시킨 후 비스듬한 선반 위에 세워 놓는다. 뒤퓌는 손수 모든 수집품에 이름표를 적어 붙였다. 기타 유럽 지역이나 남미에서 온 표본을 제외하면 대부분의 광물이 프랑스산인데, 이름표에 명시된 출처가 훗날 프랑스 지층 연구에 중요한 지표가 됐다. 이제는 폐쇄된 탄광에서 발견된 광물이 특히나 연구 가치가 높다.

광물 전시실과 같은 층 복도 왼쪽 끝에 특별 전시실로 쓰던 또 다른 방이 있다. 얼마나 우리에게 보여주고픈 게 많은 건지, 본실 입구에 딸린 작은 부속실에서부터 이미 전시가 시작되고 있었다. 광물의 방처럼 온 벽을 뒤덮는 높은 유리장 안에 해양생물의 껍데기들이 영롱한 색을 뽐내고 있었다. 이 패류학(貝類學)의 전시장 안에는 아이 머리만 한 고둥부터 칼국수에 들어있을 만한 평범한 조개 껍데기까지 다양한 종의 해양 패류 표본 2만 점이 뒤퓌

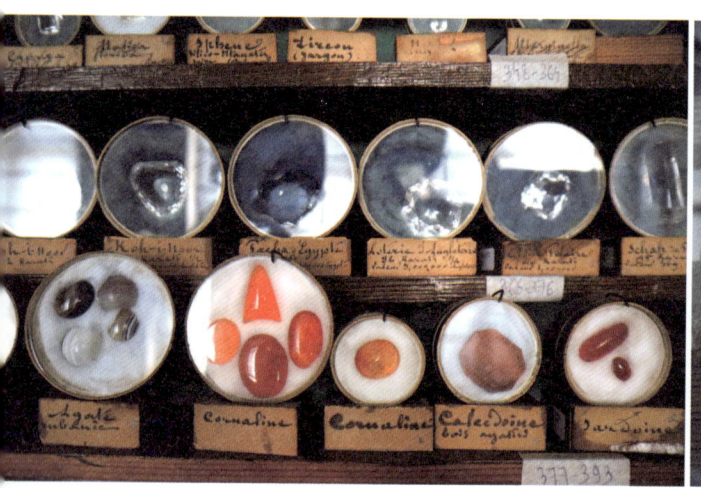

의 방식대로 깔끔하게 진열되어 있다.

패류 전시는 본실 내부 오른쪽 벽까지 이어진다. 관장님이 무거운 덧창을 열자 어두워서 보이지 않던 전시실 안쪽의 조류 박제가 한둘씩 모습을 드러낸다. 방을 가득 채우는 진열장 안에 비는 자리 없이 촘촘히 배치된 오브제가 릴 자연사 박물관의 '새들의 방'을 떠올리게 한다. 이런 19세기식 진열 방식은 집중과 선택을 요구하는 오늘날 박물관학 기준에는 잘 맞지 않는다.

하지만 수적으로 보는 이를 압도하는 미장센은 이 지역 광물의 다양성과 아름다움을 본능적으로 이해하게 돕는다는 장점이 있다.

이 방의 6,500개 조류 박제들은 대부분이 뒤퓌가 아닌 생토메르의 아마추어 조류학자 샤를 반 캠펜 Charles Van Kempen 이 1921년에 기증한 수집품이었다. 1830년대에서 1950년대까지 이 도시 수집가들이 꾸준히 시에 박제를 기증한 결과, 이 뮤제는 현재 파리를 제외한 프랑스 지방에서 열 번째로 큰 조류 컬렉션을 지니게 됐다. 극락조 부문에서는 프랑스에서 가장 큰 수장고 중 하나라고 한다.

자연사 박물관이 관리에 있어 기타 미술관에 비해 기술적으로 어려운 것이 무엇인가 관장님께 여쭤보았다. 다양한 유기적 요소로 구성된 박제의 보존이 쉽지 않다고 하셨다. 박제된 새의 깃털은 19세기 박제사가 사용한 독한 화학물질 덕분에 해충의 공격을 받지 않아 시간이 지나도 훼손이 적게 된다. 표본들을 보면 몸체보다는 표본을 지탱하는 목조 재질의 단이 훨씬 삭아있는 것을 볼 수 있다. 오히려 단단해보이는 부리가 약품 처리가 어려워 희멀겋게 색이 바랬다. 직사광선에 취약한 자연 염료를 최대한 보호하기 위해 창문을 거의 열지 않고 햇빛을 차단하고 있다.

방 끝으로 가니 풍뎅이마냥 번쩍이는 청록색의 새가 보였다. 중남미의 다양한 문명에서 신처럼 떠받들던 비단깃새의 일종

인 케찰이다. 긴 꼬리와 볏을 뽐내는 케찰은 이 호기심의 방에 걸맞는 '경외'나 '매료'를 불어넣기 위해 여기에 등장한 것 같았다. 그러나 지금은 아무도 없는 전시실에서 희미한 빛을 받고 있는 박제가 화려하기보다 묘하게 붕 떠 있었다.

마지막으로 들른 3층 다락방에는 비둘기과와 바닷새, 티티새를 비롯한 참새류 등 조류 박제들이 달팽이와 같은 육지 연체동물의 껍데기와 함께 놓여 있었다. 금방이라도 후두둑 떨어질 것 같은 지붕과 곰팡이 핀 벽을 보며 뒤퓌의 기억 속 집은 어땠을지 상상해 보려 노력했지만, 침대와 벽난로가 사라진 침실에 홀로 남은 큰 수은 거울처럼 옛 저택의 잔향은 아주 미미하게만 우리 곁을 맴돌고 있었다. 뒤퓌가 말년에 친지에게 개인 소지품을 나눠 준 탓에 시립 박물관으로 개조할 때 저택에는 이미 그의 흔적이 많이 남지 않았다고 한다.

지금은 너무 손상이 돼 수장고에 있지만 휴관 전까지만 해도 이 방 천장엔 북미 악어 박제가 매달려 있었다. 거의 쓰임이 없는 상부 공간을 활용하는 동시에 올러 보옴의 서재 이미지를 차용해 '수집가의 집'에 어울리는 장식을 완성시킬 요소였다. '수집가'는 현재 우리가 아는 집주인의 유일한 정체성이다. 앙리 뒤퓌는 원하는 화석, 조개와 광물을 손에 넣기 위해 각지 모험가들에게 비용을 지불할 정도로 열정적이었다. 평범함을 뛰어넘는 축적 뒤에 어린 진심이 보는 이의 경외를 자아낸다. 지금까지 만난 낡은 유리 진열장 안에는 그 시대 자연 애호가가 정성과 집착으로 구축한 작은 생태계가 담겨 있었다.

취재를 하는 도중에 관장님의 설명을 들으며 그 뒤에 숨겨진 뮤제 담당자와 직원들의 고충을 간접적으로 느꼈다. 이분 말씀으로 미루어 짐작해보면 1970년대에 진행된 보수공사가 뮤제의 건축적 부분과 학술적 부분 모두에 큰 타격을 준 듯했다. 오래된 사무실에서나 볼만한 천장 무늬나 조명이 전시실의 분위기와 전혀 맞지 않는 것처럼, 실용성만을 따져 설계하느라 마감이 전반적으로 섬세하지 못했다. 충분히 공을 들여 개조했다면 좀 더 알맞게 운용할 수 있었던 장소가 내부공사로 인해 사라지기도 했다. 비상 탈출구나 거동이 불편한 관람객을 위한 시설의 부재 탓에 더 이상 오늘날의 안전규정에 부합하지 못해 뒤퓌 박물관은 대대적인 리모델링 없이는 문을 열 수 없는 상태이다.

1950년대에서 1970년대 사이에 작성된 소장품 목록의 대부분이 부실하거나 목록 자체가 누락되어 현재 수장고의 현실을 완벽히 반영하는 자료가 없다는 문제도 있었다. 그래서 주로 오텔 상들랭 박물관에서 근무하는 생토메르 시립 박물관 직원들과 자원 봉사자들이 팬데믹으로 박물관이 휴관한 틈을 타 소장품 하나하나를 분류하고 닦고 사진을 찍어 새로운 데이터베이스를 만들고 있으며, 현재 조류 박제 분류가 꽤 진행된 상황이라 한다. 그래서인지 박물관 이곳 저곳에 박제들이 진열되어 있었다. 열악한 환경이지만 그래도 작업에 진척이 있다는 것이 고무적이다. 소통과 연구의 기본이 되는 수장품 목록을 완성한다면 기사 작성이나 디지털 전시회 등을 계획하기 훨씬 쉬워질 것이다.

희소식에 긍정적으로 반응하려 했지만 먼지로 희뿌연한 어두운 방은 자꾸 우울한 현실을 직면하게 만든다. 바로 며칠 전에 방문한 곳이 하필 관람객으로 꽉 찬 릴의 자연사 박물관이라 더 그런 듯하다. 릴의 뮤제만큼 매혹적인 전시공간과 놀라운 규모의 전시품을 소유한 앙리 뒤퓌 박물관은 오랜 시간 관람객을 맞지 못하고 있다. 2004년부터 이어진 휴관에 지역민들은 불만 섞인 안타까움을 표했다. 자신의 어린 시절 한 켠이 잊히고 빛이 바래는 것을 누가 반가워 하겠는가? 박물관 입장에서 이보다 더 걱정스러운 것은 더 이상 안타까워 할 사람이 남지 않을 때까지 문을 열지 못하는 것이리라. 우리는 자주 박물관을 중요한 물건을 많이 모아둔 '공간'으로 인식하지만, 건물과 수장고만으로는 뮤제를 만들 수 없다.

재개장을 기다리는 이들을 위해 2년에 한 번, 자매 박물관인 오뗄 생들랭 박물관에서 뒤퓌 박물관의 소장품을 소개하는 특별전을 열곤 한다. 가장 최근에 열린 앙리 뒤퓌 탄생 200년 특별전이었던 〈앙리 뒤퓌 : 200년의 열정〉은 코로나로 인해 안타깝게도 많은 대중에게 소개되지 못했다. 시에서 문화에 할당하는 예산이 충분하고 시의원들이 적극적으로 관심을 표하는 시설이었다면 이런 큰 타격에도 대안책을 찾을 수 있었겠지만, 안타깝게도 이 뮤제는 그렇지 못한 듯했다. 생토메르는 아름다운 도시이지만, 성 베르탱 수도원 유적처럼 거의 방치에 가까운 수준으로 아무런 설명이나 홍보 없이 시내 여기저기에 덩그러니 서 있는 문화 유산은 지자체의 무관심을 드러내고 있다.

지자체의 전적인 서포트를 받지 못하는 뒤퓌 박물관의 현실은 내 기대보다 훨씬 암울했다. 관람이 가능한 공간으로 만들기까지 총력을 다해도 모자랄

것 같은데, 마라톤에 선수 명단을 올릴 수조차 없는 상황이었다니…. 하지만 쉽지 않은 상황 앞에서도 아직 누구도 이 뮤제를 포기하지 않았다. 뒤퓌의 저택과 수장품들은 공적 소유이기에 이 도시를 떠날 수 없고, 그림자 안에서 움직이는 뮤제의 직원과 많은 시민이 이미 알고 있는 컬렉션의 존재를 숨길 수도 없기 때문이다.

앙리 뒤퓌는 저택과 소장품을 '대중을 위해, 그 중에서도 어린이들을 위해 써달라'는 부탁을 남기고 세상을 떠났다. 곧 뒤퓌 박물관의 문이 열려 그의 마지막 바람이 다시 이뤄지는 동화 같은 장면은 당장 연출되지 않을지도 모른다. 너무 낡아버린 장소에 관람객이 차 있는 모습은 상상하기 어렵다. 여러분이 당장 갈 수도 없는 뮤제를 소개한 것은 우리 주변에 생각보다 많은 뒤퓌 박물관이 존재하기 때문이다. 유지비가 많이 드는 데 비해 수입 창출

이 적어 정치계와 지역사회의 책임 회피 속에 소외되는 뮤제가 한둘이 아니다.

'필수 요소'로 인정되지 않는 뮤제는 언제 우리 곁에서 사라질지 모른다. 이 연약한 장소를 생존하게 하는 유일한 열쇠가 관객이다. 몇 년 만에 처음으로 이 미지의 장소를 들린 여행자로서 나는 그대에게 인내심이란 이름의 지도를 넘기려 한다. 우연히 닫혀있는 흥미로운 뮤제의 문을 본다면 한 번쯤은 관심을 기울여 주길 바란다. 담당 지자체나 법인에 글 몇 줄을 보내고, 그 뮤제가 문을 열길 원하는 사람들과 만나서 이야기도 해보자. 아니면 닫힌 문 안에서 들리는 소리에 귀 기울이는 것만으로도 세계의 수많은 뒤퓌 박물관에 소중한 응원이 될 것이다. 이 글을 쓰는 나와 이 글을 읽는 그대는 이제 이 박물관의 존재를 인식하게 됐다. 사람들의 기억 속에서 사라지지 않는 한 뮤제의 문은 언제라도 다시 열릴 수 있다고 믿으며 오늘의 산책을 마친다.

Musée Henri Dupuis
9 Rue Henri Dupuis
62500 Saint - Omer

Thank you
감사의 글

어릴 때 꿈이 많았습니다. 화가도 되고 싶고, 고고학자도 되고 싶고, 조금 더 커서는 학예사가 멋져 보였습니다. 그래서 저절로 셋 다 볼 수 있는 박물관을 좋아하게 됐나 봅니다. 한때는 글 쓰는 게 좋아서 작가가 되는 것도 상상했지만 성인이 되자마자 한국을 떠났고, 외국어의 장벽 탓으로 막혀버린 말문에 신경 쓰느라 글은 깜빡 잊고 살았습니다. 창작과 이미 너무 멀어졌다고 믿고 있을 때 힘든 시간을 이겨내기 위해 쓴 글을 누군가 읽어줬고, 이제는 응원과 관심 속에서 책을 내게 됐습니다. 어릴 적에 사랑했던 것들이 시간을 뛰어넘어 돌아온다는 것은 벅차고 꿈같은 일입니다.

블로그의 글을 읽어주고 작은 프로젝트에도 멋지다고 해주던 친구들과 독자가 있었기에 글쓰기를 이어올 수 있었습니다. 제가 나고 자란 대전의 월간 토마토에서 기꺼이 연재를 허락해 주었고, 한 권의 책으로 만들기 위해

많은 도움을 아끼지 않았습니다. 지금 제 첫 책을 읽어주시는 여러분. 제 꿈의 한 조각이 완성된 것처럼 여러분이 사랑을 줬던 대상이 앞으로의 삶에 힘이 되길 바랍니다.

끝으로 코로나로 인한 봉쇄령 속에서 '프랑스 뮤제로의 짧은 산책'이란 제목으로 글을 쓸 수 있도록 언제나 내 편이 되어준 한국의 가족에게 온 마음을 다해 감사합니다.

J'adresse de grands remerciements à tous les musées pour m'avoir accueillie dans leurs institutions, et à mes amis pour m'avoir soutenue et encouragée tout au long de cette aventure.

사진 저작권

64-65, 74, 80 © Jean-Paul Philippon / ADAGP, Paris - SACK, Seoul, 2024 / Photographie : Hanbyeol JEON

212-213, 214, 216, 218, 219, 221, 223, 224, 225, 226 : Musée du Louvre-Lens © SANAA/ K. Sejima et R. Nishizawa – IMREY CULBERT – MOSBACH Paysagiste / Photographie : Hanbyeol JEON

250 © Wikipedia Public Domain/ Photographie : Didier Descouens

프랑스 뮤제로의 산책 _ 오 드 프랑스 편

초판 1쇄 펴낸날 | 2024년 10월 1일
지은이 | 전한별
펴낸이 | 이용원
펴낸곳 | 월간토마토

편집 디자인 | 김하림(하림디자인)
인쇄 | 영진 프린팅
등록번호 | 제 365 - 2510020 - 19000027호
주소 | 대전 중구 모암로13번길 36
전화 | (042) 320-7151
이메일 | mtomating@gmail.com

이 책은 저작권법에 따라 보호받는 저작물이므로 무단 전재와 무단 복제를 금하며,
이 책 내용의 전부 또는 일부를 이용하려면 반드시 저작권자와 월간토마토의 서면 동의를 받아야 합니다.

값 18,000원
ISBN 979-11-91651-23-2 (03800)

ⓒ2024 월간토마토 Printed in Korea